TRAITÉ

D'ÉQUITATION

A L'USAGE DES DAMES,

Orné de Dix Planches.

PAR

Henri LE NOBLE,

ANCIEN OFFICIER DE CAVALERIE LÉGÈRE, ÉLÈVE
DE L'ÉCOLE D'ÉQUITATION DE SAUMUR.

Paris

AMBROISE DUPONT ET Cᵉ,

RUE VIVIENNE, N. 16.

1826

IMPRIMERIE DE J. TASTU.

TRAITÉ

D'ÉQUITATION

A l'usage des Dames.

IMPRIMERIE DE J. TASTU,

RUE DE VAUGIRARD, N. 36.

TRAITÉ

D'ÉQUITATION

A L'USAGE DES DAMES,

Orné de Onze Planches.

PAR

Henri LE NOBLE,

ANCIEN OFFICIER DE CAVALERIE LÉGÈRE, ÉLÈVE
DE L'ÉCOLE D'ÉQUITATION DE SAUMUR.

Paris

AMBROISE DUPONT ET Cie,

RUE VIVIENNE, N. 16.

✻

1826

À ma Mère

Et à mon Beau-Père.

Permettez que je vous dédie ce petit ouvrage, comme le témoignage sincère de mon attachement et de la reconnaissance dont je suis pénétré pour l'auteur de mes jours et pour mon second Père, mon Bienfaiteur.

Votre respectueux fils,

Henry Lenoble.

Avertissement.

Écrire pour l'instruction et
l'agrément des dames, est une
tâche bien douce, il est vrai,
mais assez difficile à remplir :
désirant leur éviter l'ennui des
longs détails que nécessitent

toujours les *premiers principes*,
il n'est pas aisé de trouver des
moyens assez simples et en
même temps suffisans pour leur
enseigner ce qu'il est indispensable qu'elles en connaissent.

Cependant, plein de confiance
dans la bonté et l'indulgence qui
caractérisent ce sexe aimable ,
j'ai entrepris, pour lui faciliter
l'étude de l'Équitation, de faire
une théorie simple et abrégée
de cet art , en ce qui peut le
concerner. Puissent mes efforts
être de quelque utilité aux dames

que des motifs de santé ou le goût de cet exercice font monter à cheval, mon but sera rempli et mon zèle bien récompensé!

Introduction.

*

DE tous les arts qui concourent à l'agrément et à l'utilité du genre humain, il en est peu, même parmi les plus répandus et les plus honorés, qui reposent sur des principes aussi justes, aussi solides et aussi cohérens entre eux, que ceux de l'Équitation.

Il semble, au premier coup-d'œil, qu'il soit inutile d'exposer par écrit ce que la tradition, l'enseignement oral et surtout l'exemple, suffisent pour démontrer et propager. Mais la méditation qui perfectionne tout , s'exerce mieux sur un livre que dans la pratique ; les livres d'ailleurs rappellent ce que la pratique avait enseigné , et les notions préliminaires qu'on y puise , font profiter plus rapidement des leçons que l'on a reçues.

C'est pour fixer l'attention des dames sur un art aussi utile, que j'ai réuni dans un format portatif , tous les principes de l'Équitation qui peuvent être mis en pratique par elles.

Plusieurs écuyers fameux ayant approfondi l'Équitation , et nous

ayant transmis d'une manière pré-
cise leurs savantes observations, il
n'y a donc plus rien à créer, surtout
en théorie, et ce serait vouloir s'é-
garer que de chercher à faire de
nouvelles découvertes; aussi me suis-
je borné à choisir avec le plus grand
soin et à expliquer de la manière
la plus claire et la plus intelligible,
pour les dames qui veulent se livrer
à l'exercice de l'Équitation, les principes contenus dans les ouvrages de
nos grands maîtres. J'ai surtout em-
prunté de M. Cordier (1), dont j'ai

(1) M. Cordier, premier écuyer, ayant la
direction du manége d'Académie de l'école de
Saumur.

été assez heureux pour recevoir les précieuses leçons, tout ce qui a rapport à la finesse (1), et à ce qu'on appelle le tact en Équitation ; cet habile écuyer a décomposé, afin de les mieux éclaircir, tous les principes de l'art, qu'il a ensuite réunis de la manière la plus méthodique, et son ouvrage est maintenant un des meilleurs classiques d'Équitation dont on puisse faire usage.

J'ai cité textuellement les articles

(1) La finesse à cheval n'est autre chose que la liaison des mouvemens qu'on est obligé de faire, et qui, se succèdant par ordre les uns aux autres, deviennent pour ainsi dire insensibles aux yeux des spectateurs.

qui appartiennent aux auteurs que j'ai consultés, et si j'en ai modifié ou abrégé quelques-uns, c'est uniquement pour les rendre plus spécialement applicables au sexe pour lequel j'écris.

J'ai joint à ces principes quelques observations qu'une assez longue pratique m'a mis à même de faire. Je donnerai aussi quelques notions relatives à la finesse et au tact, points essentiels pour bien monter à cheval. Les dames possédant à un plus haut degré de développement que les hommes, les sens du toucher et de l'ouie, les plus indispensables pour

**

acquérir ces utiles qualités, je les engage bien à s'y attacher dans le cours de leurs exercices.

J'ai mis le plus d'ordre possible dans mon ouvrage, c'est-à-dire que j'ai disposé les principes, de manière à ce que les plus simples soient la clef des plus compliqués, afin d'en rendre l'intelligence plus facile. Je l'ai divisé en quatre parties ; le tout formant douze chapitres.

Dans la *première partie* qui est composée du premier chapitre, j'ai réuni tout ce qui a rapport au cheval ; je donne une idée de ses mœurs, de son caractère, et je rapporte quelques traits qui lui sont particuliers et qui méritent d'être connus.

J'y ai joint une instruction sur l'embouchure et l'équipement; ces deux objets ont beaucoup de rapport entre eux. Il est très-essentiel même pour une dame de connaître le nom et l'usage des parties de l'équipement dont elle se sert, afin qu'elle sache faire remettre à leur place et au point convenable, toutes les pièces qui, n'étant point ajustées avec proportion, peuvent nuire à la bonne exécution des mouvemens qu'elle exigera de son cheval, et même quelquefois compromettre sa sûreté.

Dans la *seconde partie* qui comprend le deuxième chapitre, j'ai fait connaître les qualités que doit réunir un cheval de dame.

J'ai aussi défini le vêtement le plus convenable à une dame, pour monter à cheval.

La *troisième partie*, composée des chapitres troisième, quatrième, cinquième, sixième, septième, huitième, neuvième, dixième et onzième, renferme tous les principes qui ont rapport à l'instruction sur l'art de monter à cheval.

L'on y trouve, aussi bien développés qu'il m'a été possible, les principes pour monter à cheval, la position qu'on doit y prendre, les moyens à employer pour le plier à l'obéissance, pour le conduire et enfin pour mettre pied à terre.

La *quatrième partie*, formée du douzième chapitre, contient la définition des différentes allures du cheval et un exposé succinct du mécanisme particulier de ces allures.

Dans ce chapitre j'ai réuni plusieurs notions qu'il importe beaucoup de lire, entre autres les règles hygiéniques.

J'ai évité autant qu'il m'a été possible, dans le cours de cet ouvrage, tous les termes techniques, et j'ai ajouté quelques notes qui contiennent les explications nécessaires, pour faciliter aux dames une étude aussi favorable à leur santé qu'à leur agrément.

Désirant faire connaître aux dames toute l'utilité de l'Équitation, j'ajouterai ici quelques avis de plusieurs médecins distingués sur l'efficacité de cet exercice.

« On a reconnu de tout temps

que l'exercice du corps était le moyen le plus sûr et le plus efficace pour conserver la santé, pour la rétablir lorsqu'elle se trouve altérée et dérangée. Chacun sait que les personnes qui passent leur vie dans la mollesse et sans faire aucun exercice, ne jouissent jamais d'une bonne santé et qu'elles sont sujettes à une infinité de maladies ; leurs fibres sont faibles et relâchées, leur corps s'engourdit et devient paresseux. Elles perdent l'appétit, parce que les digestions se font mal.

» Mais si l'exercice en général est salutaire pour tout le monde,

celui du cheval a une grande pré-
rogative sur tous les autres. La situation du cavalier à cheval donne
à toutes les parties du corps et surtout aux viscères du bas-ventre beaucoup moins de gêne que l'exercice
des voitures. Les secousses douces
et réitérées que cet exercice procure et qui porte principalement
sur ces mêmes viscères et la poitrine,
sont le moyen le plus sûr pour rétablir le ton et l'élasticité des fibres
et des vaisseaux, pour désobstruer
les parties engorgées, et pour rendre
la fluidité nécessaire aux liquides ;
en un mot pour rétablir la circula-

tiou dans cette uniformité sans laquelle on ne saurait jamais jouir d'une santé ferme et durable ; ensuite l'air libre et qui change continuellement, que respire un cavalier, est on ne peut plus salutaire. D'où il résulte que l'exercice du cheval convient en général aux convalescens, parce qu'il tend à régulariser la distribution des forces vitales et à rétablir l'équilibre encore incertain. Les hypochondriaques, les mélancoliques, les personnes douées d'une sensibilité trop exaltée, s'en trouvent également bien.

» Sa grande efficacité paraît surtout

dépendre de ce qu'il ramène au degré naturel la circulation du sang dans les organes du bas-ventre, dont les moindres souffrances influent si puissamment sur l'état de l'organisme entier. Bien entendu néanmoins que cette efficacité ne peut se déployer dans toute sa plénitude, qu'au bout d'un certain laps de temps, et lorsqu'on appelle à son aide les secours de l'hygiène et de la médecine. L'Équitation concourt aussi d'une manière efficace à la guérison de certaines fièvres intermittentes rebelles, et plusieurs autres maladies contre lesquelles ont échoué toutes les autres méthodes de traitement.

» Pour les dames surtout, cet exercice est encore beaucoup plus salutaire qu'aux hommes. Les maladies nerveuses, auxquelles elles sont si sujettes, ne peuvent souvent se guérir que par son secours.

» Voici en général quels sont les avantages que procure l'Équitation, et la médecine invoque souvent son aide; elle exerce une action tonique bien prononcée sur tous les organes et principalement sur l'appareil digestif et sur celui de la circulation, ainsi qu'on l'a vu plus haut; elle les rend plus forts, plus vigoureux, comme l'annoncent assez la force accrue du pouls et l'augmentation de l'appétit.

» Enfin à tous ces grands avantages, il faut joindre celui de procurer tout le bien que peut produire le mouvement, sans user les forces et fatiguer le corps, comme le font tous les exercices actifs (1). »

(1) Extrait de quelques ouvrages de nos meilleurs médecins, entre autres du Dictionnaire abrégé des Sciences Médicales.

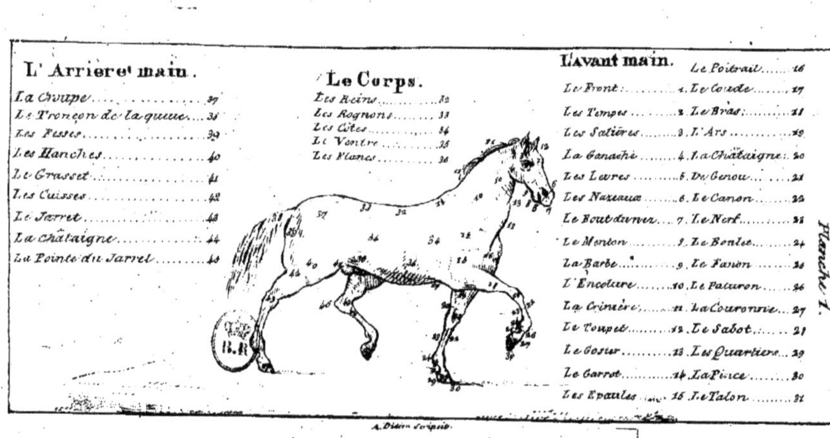

L' Arriere main.
La Croupe 37
Le Tronçon de la queue 38
Les Fesses 39
Les Hanches 40
Le Grasset 41
Les Cuisses 42
Le Jarret 43
La Châtaigne 44
La Pointe du Jarret 45

Le Corps.
Les Reins 32
Les Rognons 33
Les Côtes 34
Le Ventre 35
Les Flancs 36

L'Avant main.
Le Poitrail 16
Le Front .... 1. Le Coude 17
Les Tempes .... 2. Le Bras 18
Les Salières .... 3. L'Ars 19
La Ganache .... 4. La Châtaigne 20
Les Levres .... 5. Du Genou 21
Les Nazeaux .... 6. Le Canon 22
Le Bout du nez .... 7. Le Nerf 23
Le Menton .... 8. La Boulet 24
La Barbe .... 9. Le Fanon 25
L'Encolure .... 10. Le Paturon 26
La Crinière .... 11. La Couronne 27
Le Toupet .... 12. Le Sabot 28
Le Gosier .... 13. Les Quartiers 29
Le Garrot .... 14. La Pince 30
Les Epaules .... 15. Le Talon 31

Planche I.

A. Didon Scripsit

TRAITÉ

D'ÉQUITATION

A l'usage des Dames.

✢✢✢✢✢✢✢✢✢✢✢✢✢✢✢✢✢✢✢✢✢✢✢✢✢✢✢✢

PREMIÈRE PARTIE.

❋

Chapitre Premier.

❋

La belle description du Cheval faite par M. de Buffon, pouvant plus que toute autre faire apprécier le caractère et les belles qualités de ce précieux animal, j'en rapporte ici un extrait.

« La plus noble conquête que l'homme ait jamais faite, est celle de ce fier et fougueux animal, qui partage avec lui les fatigues de la guerre et la gloire des combats ; aussi intrépide que son maître, le cheval voit le péril et l'affronte, il se fait au bruit des armes, il l'aime, il le cherche, il s'anime de la même ardeur ; il partage aussi ses plaisirs ; à la chasse, au tournoi, à la course, il brille, il étincelle ; mais docile autant que courageux, il ne se laisse point emporter à son feu, il sait réprimer ses mouvemens, non-seulement il fléchit sous la main de celui qui le guide, mais il semble consulter ses désirs, et obéissant toujours aux impressions qu'il en reçoit, il se précipite, se modère ou s'arrête, et n'agit que pour y satisfaire ; c'est une créature qui renonce à son être pour n'exister que par la volonté d'un autre, qui sait même la prévenir, qui par la promptitude et la précision de ses mouvemens, l'exprime et l'exécute ; qui sent autant qu'on le désire, et ne rend qu'autant qu'on veut ; qui se livrant sans réserve, ne se refuse à rien, sert de toutes ses forces, s'excède et même meurt pour mieux obéir.

» Voilà le cheval dont les talens sont développés, dont l'art a perfectionné les qualités naturelles, qui dès le premier âge a été soigné et ensuite exercé, dressé au service de l'homme. C'est par la perte de sa liberté que commence son éducation, et c'est par la contrainte qu'elle s'achève : l'esclavage ou la domesticité de ces animaux est même si

universelle, si ancienne, que nous ne
les voyons que rarement dans leur état
naturel ; ils sont toujours couverts de
harnais dans leurs travaux, on ne les
délivre jamais de tous leurs liens, même
dans les temps du repos, et si on les
laisse quelquefois errer en liberté dans
les pâturages, ils y portent toujours les
marques de la servitude et souvent les
empreintes du travail et de la douleur;
la bouche est déformée par les plis que
le mors a produits, les flancs sont en-
tamés par des plaies, ou sillonnés de
cicatrices faites par l'éperon; la corne
des pieds est traversée par des clous, l'at-
titude du corps est encore gênée par
l'impression subsistante des entraves ha-
bituelles; on les en délivrerait en vain,

ils n'en seraient pas plus libres ; ceux mêmes dont l'esclavage est le plus doux, qu'on ne nourrit, qu'on n'entretient que pour le luxe et la magnificence, et dont les chaînes dorées servent moins à leur parure qu'à la vanité de leur maître, sont encore plus déshonorés par l'élégance de leur toupet, par les tresses de leurs crins, par l'or et la soie dont on les couvre, que par les fers qui sont sous leurs pieds.

» La nature est plus belle que l'art, et dans un être animé, la liberté des mouvemens fait la belle nature ; voyez ces chevaux qui se sont multipliés dans les contrées de l'Amérique-Espagnole, et qui y vivent en chevaux libres : leur démarche, leur course, leurs sauts, ne sont ni gênés ni mesurés ; fiers de leur indépendance, ils fuient la présence de l'homme, ils dédaignent ses soins, ils cherchent et trouvent eux-mêmes la nourriture qui leur convient, ils errent, ils bondissent en liberté dans des prairies immenses, où ils cueillent les productions nouvelles d'un printemps toujours nouveau ; sans habitation fixe, sans autre abri que celui d'un ciel serein, ils respirent un air plus pur que celui de ces palais voûtés, où nous les renfermons en pressant les espaces qu'ils doivent occuper ; aussi ces chevaux sauvages sont-ils beaucoup plus forts, plus légers, plus nerveux que la plupart des chevaux domestiques, ils ont ce que donne la nature, la force et la noblesse,

les autres n'ont que ce que l'art peut
donner, l'adresse et l'agrément.

» Le naturel de ces animaux n'est point
féroce, ils sont seulement fiers et sauvages; quoique supérieurs par la force
à la plupart des autres animaux, jamais
ils ne les attaquent, et s'ils en sont attaqués, ils les dédaignent, les écartent
ou les écrasent; ils vont aussi par troupes
et se réunissent pour le seul plaisir d'être
ensemble, car ils n'ont aucune crainte,
mais ils prennent de l'attachement les
uns pour les autres. Comme l'herbe et
les végétaux suffisent à leur nourriture,
qu'ils ont abondamment de quoi satisfaire leur appétit, et qu'ils n'ont aucun goût pour la chair des animaux, ils
ne leur font point la guerre, ils ne se

la font point entre eux, ils ne se disputent pas leur subsistance ; ils n'ont jamais occasion de ravir une proie ou de s'arracher un bien, sources ordinaires de querelles et de combats parmi les autres animaux ; ils vivent donc en paix, parce que leurs appétits sont simples et modérés, et qu'ils ont assez pour ne se rien envier.

» Tout cela peut se remarquer dans les jeunes chevaux qu'on élève ensemble et qu'on mène en troupeaux, ils ont les mœurs douces et les qualités sociales, leur force et leur ardeur ne se marquent ordinairement que par des signes d'émulation ; ils cherchent à se devancer à la course, à se faire et même s'animer au péril, en se défiant à traverser une rivière, sauter un fossé, et ceux qui dans ces exercices naturels donnent l'exemple, ceux qui d'eux-mêmes vont les premiers, sont les plus généreux, les meilleurs, et souvent les plus dociles et les plus souples lorsqu'ils sont une fois domptés. »

Comme toutes les parties de l'Europe sont aujourd'hui peuplées et presque également habitées, on n'y trouve plus de chevaux sauvages, et ceux que l'on voit en Amérique, sont des chevaux domestiques et Européens d'origine, que les Espagnols y ont transportés, et qui se sont multipliés dans les vastes déserts de ces contrées inhabitées ou dépeuplées ; car cette espèce d'animaux manquait au Nouveau-Monde. L'étonnement et la frayeur que marquèrent les habitans du Mexique et du Pérou à l'aspect des chevaux et des cavaliers, firent assez voir aux Espagnols que ces animaux étaient absolument inconnus dans ces climats; ils en transportèrent donc un grand nombre, tant pour leur service et leur utilité particulière, que pour en propager l'espèce, ils en lâchèrent dans plusieurs îles, et même dans le continent, où ils se sont multipliés comme les autres animaux sauvages. M. de la Salle en a vu en 1685, dans l'Amérique-Septentrionale, près de la baie Saint-Louis; ces chevaux paissaient dans les prairies, et ils étaient si farouches, qu'on ne pouvait les approcher.

Cependant le cheval est naturellement doux et familier avec l'homme. Il cherche même à s'attacher à lui ; aussi n'en voit-on jamais quitter l'écurie pour se réfugier dans les forêts ; il marque au contraire beaucoup d'empressement pour revenir au gîte où cependant il ne trouve souvent qu'une nourriture grossière, toujours la même et ordinairement mesurée sur l'économie beaucoup plus que sur son appétit ; mais la douceur de l'habitude lui tient lieu de ce qu'il perd d'ailleurs : après avoir été excédé de fatigue, le lieu du repos est un lieu de délices, il le sent de loin, il sait le reconnaître au milieu des plus grandes villes, et semble préférer en tout, l'esclavage à la liberté ; il se fait même une seconde nature des habitudes auxquelles on l'a forcé ou soumis, puisqu'on a vu des chevaux, abandonnés dans les bois, maigrir et dépérir en peu de temps, quoiqu'ils eussent abondamment de quoi varier leur nourriture et satisfaire leur appétit, hennir continuellement pour se faire entendre, et accourir à la voix des hommes.

Les mœurs du cheval viennent donc presque en entier de son éducation, et cette éducation suppose des soins et des peines que l'homme ne prend pour aucun autre animal, mais dont il est bien dédommagé par les services continuels que lui rend celui-ci.

L'histoire nous a transmis quelques exemples remarquables qui attestent les services importans que des chevaux ont rendus, et l'attachement qu'ont eu pour ce bons animaux quelques grands hommes de l'antiquité.

On lit dans Homère (1) que les chevaux sont une partie essentielle des armées et qu'ils contribuent extrêmement à la victoire. Tous les auteurs anciens ou modernes qui ont traité de la guerre ont pensé de même; et la vérité de ce jugement est pleinement justifiée par la pratique de toutes les nations. Le cheval anime en quelque sorte l'homme au moment du combat, ses mouvemens, ses agitations calment cette palpitation naturelle dont les hommes

(1) L'Iliade, livre 13.

les plus aguerris ont de la peine à se défendre au premier appareil d'une affaire.

L'attachement des chevaux pour
l'homme est tel que quelques-uns ont
plus d'une fois sauvé la vie à leurs
maîtres. Témoin ce fameux Bucéphale
dont le nom est si connu. Dans la
bataille d'Alexandre contre Porus (1),
Bucéphale, couvert de blessures et per-
dant tout son sang, rassembla néanmoins
le reste de ses forces pour tirer au plus
vite son maître de la mêlée, où il cou-
rait le plus grand danger : dès qu'il fut
arrivé hors de portée des traits, il tomba
et mourut un instant après.

Juste Lipse (2) nous a conservé un

(1) Q. Curt. livre VIII.
(2) In Epist. ad belgus.

exemple remarquable de l'attachement extraordinaire dont les chevaux sont capables.

« A la bataille de Cannes, un chevalier romain nommé Clélius, qui avait été percé de plusieurs coups, fut laissé parmi les morts sur le champ de bataille. Annibal s'y étant transporté le lendemain, Clélius à qui il restait encore un souffle de vie prêt à s'éteindre, voulut, au bruit qu'il entendit, faire un effort pour lever la tête et parler; mais il expira aussitôt en poussant un profond gémissement. A ce cri, son cheval qui avait été pris le jour du combat et que montait un Numide de la suite d'Annibal, reconnaissant la voix de son maître, dresse les oreilles, hennit de toutes ses forces, s'anime, jette par terre le Numide, s'élance à travers les mourans et les morts, arrive près de son maître et voyant qu'il ne se remuait point, plein d'inquiétude et de tristesse, il se courbe comme à l'ordinaire sur les genoux et semblait l'inviter à monter. Cet excès d'affection et de fidélité fut admiré d'Annibal, et ce grand homme ne put s'empêcher d'être attendri à la vue d'un spectacle si touchant. »

Il n'est donc pas étonnant que par un juste retour, s'il est permis de s'exprimer ainsi, d'illustres guerriers aient eu pour leurs chevaux un attachement singulier.

Alexandre-le-Grand fit de magnifiques funérailles pour son cheval Bucé-

phale et fit bâtir une ville en son hon-
neur.

César dédia l'image du sien à Vénus.

Darius fit élire son cheval Roi.

Caligula faisait manger le sien à sa
table.

Enfin chez les Scythes, Athéas, leur
roi, pansait lui-même son cheval, per-
suadé que c'était là le moyen de se
l'attacher davantage, et d'en retirer plus
de services : il parut fort étonné lorsqu'il
sut par les ambassadeurs de Philippe,
roi de Macédoine, que ce prince n'en
usait pas ainsi (1).

« Un fait non moins connu, est l'at-

______

(1) Vie de Philippe de Macédoine, liv. VIII,
par M. Olivier.

tachement des Arabes de l'Arabie Pétrée pour leurs chevaux; ils font surtout de leurs jumens, des divinités. Ils leur pendent des amulettes au cou, leur tiennent de superbes discours la veille d'un combat ou d'une expédition, et leur portent enfin plus d'affection qu'à leur sérail. »

Quant à la vitesse extraordinaire de certains chevaux, je citerai une jument magnifique que montait un de nos maréchaux de France, à la bataille de Friedland, et qui fit quarante lieues dans cette journée mémorable.

On peut citer encore un cheval anglais que montait un homme qui commit un meurtre à Windsor le matin et parut le soir même près de Nottinghams; il y a soixante lieues de France. Cette course faite d'une seule haleine est vraiment un prodige, et chose plus extraordinaire, le cheval n'en mourut pas.

Enfin s'il fallait rapporter tous les exemples que nous fournit l'histoire ancienne et ceux que nous avons vus de nos jours, la source des éloges qui leur seraient dus ne tarirait pas ; et l'on concevra facilement tout l'intérêt que l'on prend au cheval, quand on saura que joint à la noble ardeur qui domine dans ce superbe animal, et à son extrême docilité pour la main qui le guide, le cheval est le plus fidèle et le plus reconnaissant de tous les animaux.

OBSERVATIONS SUR LES CHEVAUX.

Le cheval vit vingt-cinq ou trente ans proportionnément à son accroissement qui se fait en quatre ou six années, selon le pays qui l'a vu naître.

Les jumens portent ordinairement onze mois et quelques jours.

Dès le temps du premier âge on a soin de séparer les poulains de leur mère, on les laisse teter pendant cinq, six ou tout au plus sept mois, car l'expérience a fait voir que ceux qu'on laisse teter dix ou onze mois, ne valent pas ceux qu'on sèvre plus tôt, quoiqu'ils prennent ordinairement plus de chair et de corps : après ces six ou sept mois de lait on les

sèvre pour leur faire prendre une nourriture plus solide que le lait ; on leur
donne du son deux fois par jour et un
peu de foin bien tendre, dont on augmente la quantité à mesure qu'ils avan-
cent en âge, et on les garde dans l'écurie, tant qu'ils marquent de l'inquiétude
pour retourner à leur mère ; mais lorsque cette inquiétude est passée, on les
laisse sortir par le beau temps, et on les
conduit aux pâturages. Il s'élève ensuite presque de lui-même, sauf quelques soins hygiéniques.

Lorsqu'il est arrivé à quatre ou six
ans, selon sa race, on le met en service
et l'on commence son éducation.

Le cheval ne reste couché et ne dort
guère plus de trois heures sur vingt-

quatre. Les meilleurs dorment debout.

Ainsi que tous les animaux à poils, le cheval mue au printemps, quelquefois à l'automne ; alors il est faible et demande quelques ménagemens. Il faut surtout augmenter sa nourriture pour lui donner la force de supporter cette opération de la nature.

« Quoique les dépouilles, dit M. Girard, ne soient pas d'une valeur proportionnée aux services que rend l'individu bien portant, on parvient cependant à en retirer différens produits plus ou moins avantageux. La peau tannée ou corroyée sert à faire des chaussures, des harnais, des soupentes ou couvertures de voiture. Sa chair est généralement peu profitable ; on peut cependant la manger et en faire du bouillon : elle forme une excellente nourriture pour les carnivores ; on en nourrit aussi des porcs, qui deviennent furieux et même dangereux. Sa graisse, étant fondue, forme une huile que l'on use dans les manufactures et pour l'éclairage des villes. Les os, bien broyés et convenablement préparés, sont un excellent aliment pour élever et engraisser la volaille ; quelques-uns de ces os servent à faire des moules de boutons et des manches d'instrumens : tous sont recherchés pour la fabrication de la poudre de charbon animal, ainsi que pour la confection de la gélatine.

Les tendons et autres parties blanches fournissent la colle forte ; la corne des sabots sert à faire des peignes et autres objets de commerce ; en lui faisant subir des opérations chimiques, on en obtient le bleu de Prusse (Cyanure de fer.)

Ses poils, vulgairement appelés *bourre*, sont employés par les bourreliers à garnir des colliers, des pommeaux de selles, des croupières ; ses crins entrent dans la fabrication des cordes, des matelas et autres objets.

EXPOSÉ DES DÉFAUTS ET VICES DU CHEVAL.

La connaissance du naturel d'un cheval est une des premières bases de l'art de le monter. Cette connaissance ne vient qu'après une longue expérience, qui nous apprend à développer la source

de la bonne ou de la mauvaise inclination de cet animal.

« Quand la juste stature et la proportion des parties, dit M. Châtelain, sont
accompagnées d'une force liante, et
qu'avec cela on trouve dans un cheval
du courage, de la docilité et de la bonne
volonté, on peut, avec ces qualités,
mettre aisément en pratique les vrais
principes de la bonne École.

» Le manque de bonne volonté dans
les chevaux procède ordinairement de
deux causes : ou ce sont des défauts
extérieurs, ou des défauts intérieurs.

» Par défauts extérieurs, on doit entendre la faiblesse des membres, soit
naturelle, soit accidentelle, qui se rencontre aux reins, aux hanches, aux jar-

rets , aux jambes , aux pieds et à la vue.

» Les défauts intérieurs qui forment précisément le caractère d'un cheval , sont la timidité , la lâcheté , la paresse , l'impatience, la colère et la malice, auxquelles on peut ajouter la mauvaise habitude.

» Les chevaux timides sont ceux que l'on voit dans une continuelle crainte des aides et des châtimens , et qui prennent ombrage au moindre mouvement du cavalier. Cette timidité naturelle ne produit qu'une obéissance incertaine, interrompue, molle et tardive ; et si l'on frappe trop ces sortes de chevaux, ils deviennent tout-à-fait ombrageux.

» La lâcheté est un vice qui rend les chevaux poltrons et sans cœur. Cette lâcheté avilit totalement un cheval, et le rend incapable d'aucune obéissance hardie et vigoureuse.

» La paresse est le défaut de ceux qui sont mélancoliques, endormis, et, pour ainsi dire, hébêtés : il s'en trouve pourtant quelques-uns dont la force est engourdie par la roideur de leurs membres ; en les réveillant avec des châtimens faits à propos, ils peuvent devenir de bons chevaux.

» L'impatience est occasionée par le trop de sensibilité naturelle, qui rend un cheval plein d'ardeur, déterminé, fougueux, inquiet : il est difficile de donner à ces chevaux une allure réglée et paisible, à cause de leur trop grande inquiétude, qui les tient dans une continuelle agitation, et le cavalier dans une assiette incommode.

» Les chevaux colères sont ceux qui s'offensent des moindres châtimens, et qui sont vindicatifs; ces chevaux doivent être conduits avec plus de ménagemens que les autres; mais quand avec ce défaut ils sont fiers et hardis, et qu'on sait bien les prendre, on en tire meilleur parti que de ceux qui sont malicieux et poltrons.

» La malice forme un autre défaut naturel : les chevaux attaqués de ce vice retiennent leur force par pure mauvaise volonté, et ne vont qu'à contre-cœur. Il y en a quelques-uns qui font semblant d'obéir, comme vaincus et rendus; mais c'est pour échapper aux châtimens; sitôt

qu'ils ont repris un peu de force et d'haleine, ils se défendent de plus belle.

» Les mauvaises habitudes que con-
tractent certains chevaux, ne viennent
pas toujours de vices intérieurs, mais
de la faute de ceux qui les ont d'abord
mal montés; et quand ces mauvaises habitudes se sont enracinées, elles sont
plus difficiles à corriger qu'une mauvaise
disposition qui viendrait de la nature.

» Les différens vices que nous venons
de définir sont la source de cinq défauts
essentiels et d'une dangereuse conséquence; savoir, d'être ombrageux, vicieux, rétifs, ramingues ou entiers.

» Le cheval ombrageux est celui qui
s'effraye de quelque objet, et qui ne
veut pas en approcher; cette appréhen-

sion, qui vient souvent de timidité naturelle, peut être causée aussi par quelque
défaut de la vue, qui lui fait voir les
choses autrement qu'elles ne sont; souvent encore, c'est pour avoir été trop
battu ; ce qui fait que la crainte des
coups, jointe à celle de l'objet qui lui
fait ombrage, lui accable la vigueur et
le courage. Il y a d'autres chevaux qui,
ayant été trop long-temps dans l'écurie,
ont peur la première fois qu'ils sortent,
et à qui tout cause des alarmes. Mais
cette manie, quand elle ne vient pas
d'autre cause, dure peu, si on ne les
bat point, et si on leur fait connaître
avec patience ce qui leur fait peur. Le
séjour dans une écurie obscure rend les
chevaux ombrageux.

» Le cheval vicieux est celui qui, à force de coups, est devenu malin au point de mordre, de ruer et de haïr l'homme : ces défauts arrivent aux chevaux colères et vindicatifs, qui ont été battus mal à propos ; car l'ignorance et la mauvaise humeur de certains cavaliers font plus de chevaux vicieux que la nature.

» Le cheval rétif est celui qui retient ses forces par pure malice, et qui ne veut obéir à aucune aide, soit pour avancer, reculer ou tourner. Les uns sont devenus rétifs pour avoir été trop respectés par un cavalier qui les aura redoutés. Les chevaux chatouilleux, qui retiennent leurs forces, sont sujets à ce dernier défaut.

» Le cheval ramingue est celui qui se défend contre les éperons, qui y résiste, et qui s'y attache, qui rue continuellement, qui recule ou se câbre au lieu d'obéir et d'avancer. Lorsqu'un cheval résiste par poltronnerie, c'est un indice qu'il est une rosse; quoiqu'il fasse de grands et furieux sauts, c'est plutôt malice que force.

» Le cheval entier est celui qui refuse de tourner, plutôt par ignorance et faute de souplesse, que par malice. Il y a des chevaux qui deviennent entiers à une main, quoiqu'ils y aient d'abord paru souples et obéissans, parce que l'on aura voulu trop tôt les assujettir et passer trop vite d'une leçon à une autre. Un accident qui vient à la vue, ou à quelque autre partie du corps, peut aussi rendre un cheval entier à une main et même rétif, en ce que le cheval rétif ne veut pas tourner par malice, quoiqu'il le sache faire; et l'entier ne tourne point parce qu'il ne le peut, soit par roideur, soit par ignorance.

» Quand les défauts que nous venons de définir viennent du manque de cœur et par faiblesse, la nature du cheval étant alors défectueuse et le fond n'en étant pas bon, il est difficile d'y suppléer par l'art.

» L'origine de la plupart des défenses des chevaux ne vient pas toujours de la nature; on leur demande souvent des choses dont ils ne sont pas capables, en les voulant trop presser et les rendre trop savans.

» Cette grande contrainte leur fait haïr l'exercice, leur foule et leur fatigue les tendons et les nerfs, dont les ressorts font la souplesse, et souvent ils se trouvent ruinés quand on croit les avoir dressés ; alors, n'ayant plus la force de se défendre, ils obéissent de mauvaise grâce et sans aucune ressource.

» Une autre raison fait encore naître ces défauts. On les monte trop jeunes, et comme le travail qu'on leur demande est au-dessus de leurs forces, et qu'ils ne sont pas encore assez formés pour résister à la sujétion qu'ils doivent souf-

frir avant d'être dressés, on leur force
les reins, on leur affaiblit les jarrets, et
on les gâte pour toujours. Le véritable
âge, pour dresser un cheval, est cinq,
six ou sept ans, suivant le climat où il
est né.

» La rébellion et l'indocilité, qui sont
si naturelles surtout aux jeunes chevaux,
viennent encore de ce qu'ayant contracté
l'habitude d'être en liberté dans les
haras et de suivre leurs mères, ils ont
peine à se rendre à l'obéissance des premières leçons, et à se soumettre aux
volontés de l'homme qui, profitant de
l'empire qu'il prétend avoir sur eux,
pousse trop loin sa domination ; joint à
ce qu'il n'y a pas d'animal qui se sou-
vienne mieux que le cheval, des pre-

miers châtimens qu'il a reçus mal à propos.

» Il y avait autrefois des personnes préposées pour exercer les poulains au sortir des haras, lorsqu'ils étaient encore sauvages; on les appelait cavalcadours de bardelle; on les choisissait parmi ceux qui avaient le plus de patience, d'industrie, de hardiesse et d'intelligence, la perfection de ces qualités n'étant pas si nécessaire pour les chevaux qui ont déjà été montés; ils accoutumaient les jeunes chevaux à se laisser approcher dans l'écurie, lever les quatre pieds, toucher de la main, à souffrir la bride, la selle, la croupière et les sangles; ils les rassuraient et les rendaient doux au montoir; ils n'em-

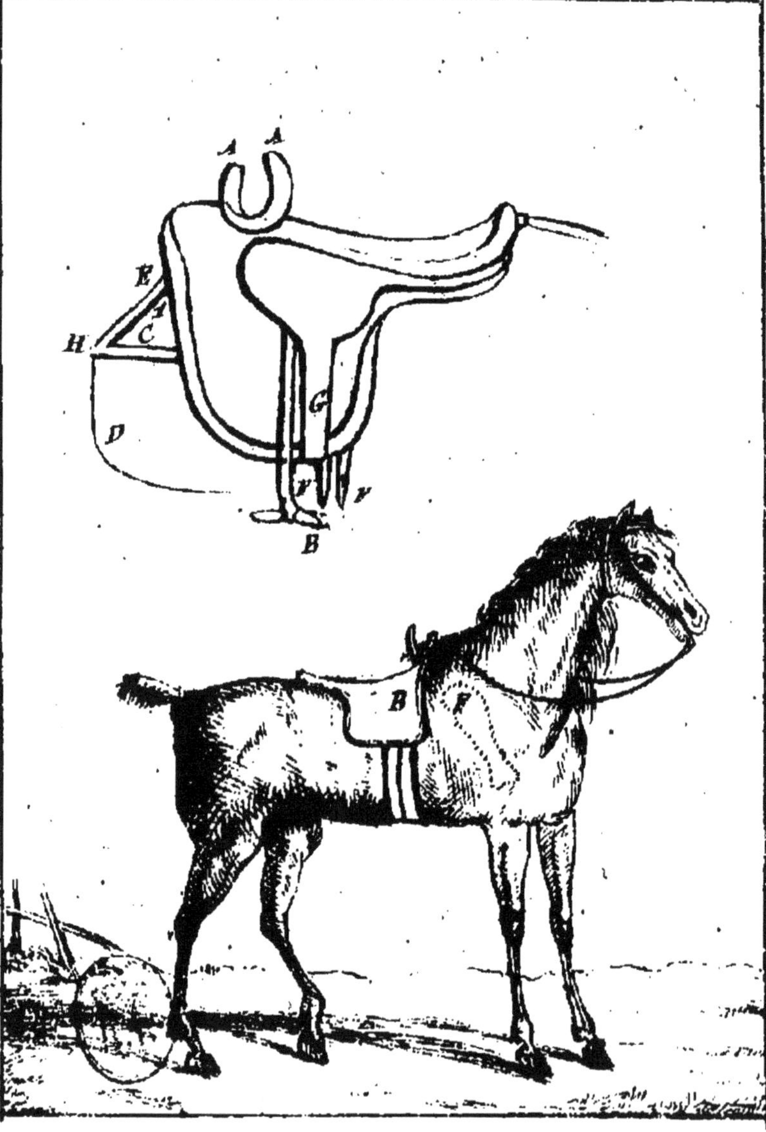
A A
E
C
H
D
G
F F
B
B
F

ployaient jamais la rigueur ni la force,
qu'auparavant ils n'eussent essayé les
plus doux moyens dont ils pussent s'a-
viser, et par cette ingénieuse patience,
ils rendaient un cheval familier et ami
de l'homme, lui conservaient la vigueur
et le courage, le rendaient sage et obéissant aux premières règles. Si on imitait
à présent la conduite de ces anciens
amateurs, on verrait moins de chevaux
estropiés, ruinés, recours, roides et vicieux. »

ÉQUIPEMENT DU CHEVAL DE DAME.

L'équipement d'un cheval de dame se
compose d'une selle anglaise avec les deux
fourches, qui devront être bien rembour-
rées, principalement la fourche gauche;

elles sont ordinairement placées sur le pommeau et destinées à contenir la cuisse droite. Planche 3, fig. 1re, voir A.

L'étrier doit être fait en sandale B.

Le siége de la selle et les quartiers (la partie comprise dans le tracé double) ne doivent pas être en volaque, parce que cette peau empêche le glissement de la robe qui est ordinairement en laine, et fait par conséquent amasser des plis, qui blessent les parties sous lesquelles ils se forment : ils devront être en cuir jaune uni ou matelassé, mais jamais piqués ni brodés. L'expérience a prouvé que les matelassures *piquées* où porte la jambe droite, froissent assez souvent le côté du mollet. J'ai entendu beaucoup de dames se plaindre de cet inconvénient, et comme ces piqûres ne sont que pour l'agrément et que presque toujours la robe les cache, on peut les supprimer entièrement.

La selle devra être garnie d'un poitrail C, avec une fausse martingale D.

A ce poitrail qui sera fixé à la française, il sera joint un montant de chaque côté qui prendra attache à son extrémité inférieure au point de réunion H, par une couture, et viendra se fixer à son extrémité supérieure au point I par une boucle.

Ce poitrail dont l'usage est de maintenir la selle, a de plus que ceux connus jusqu'à présent, l'inappréciable avantage d'empêcher la selle de tourner, et par conséquent d'éviter un des plus grands dangers auxquels une dame soit exposée en montant à cheval.

F. Les sangles seront en laine et s'attacheront de chaque côté de la selle aux contre-sanglons.

G. Le surfaix sera fixé aux quartiers de la selle et bouclera à droite.

La croupière aussi est indispensable pour empêcher la selle de se porter en avant.

La mode a proscrit l'usage du poitrail, mais je recommande beaucoup de s'en servir, car il est fort utile et garnit plutôt le cheval qu'il ne le dépare.

La planche 4 représente les quatre principales attitudes de la tête du cheval. Les numéros 1 et 4 indiquent celles qui nécessitent une martingale.

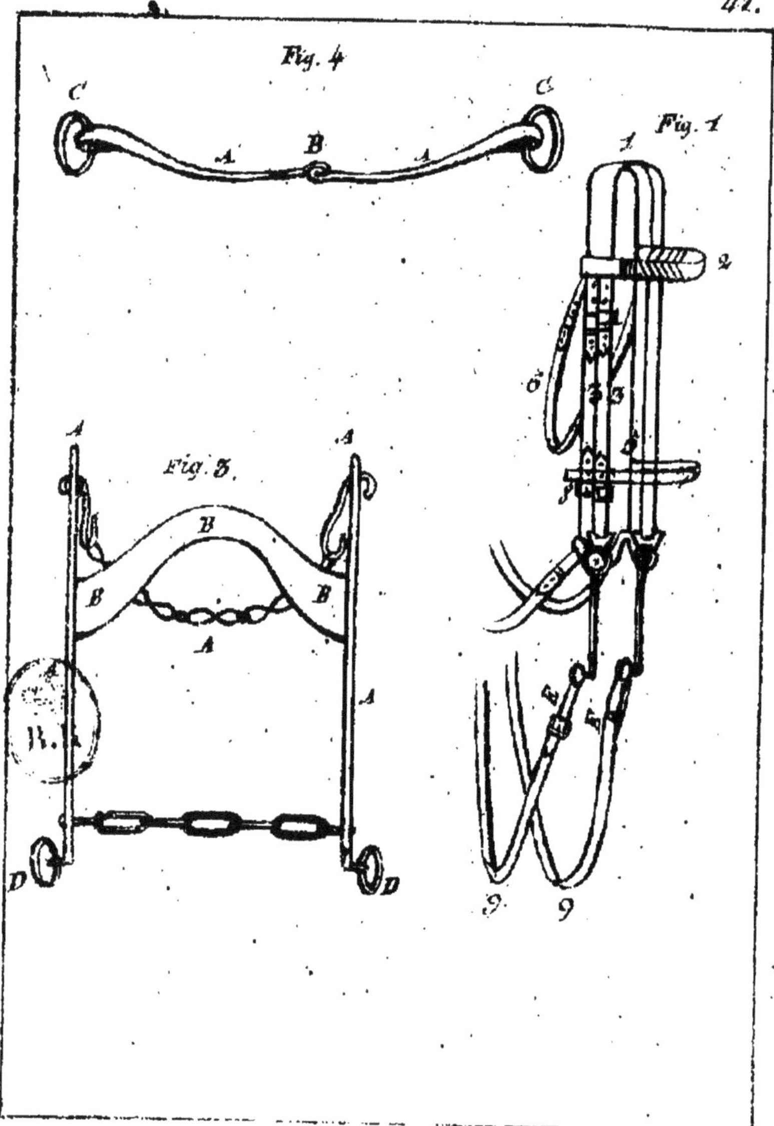
Fig. 4
C
C
A
B
A
Fig. 1
1
2
6
3
3
4
5
8
E
F
9
9
Fig. 3
A
A
B
B
B
A
A
A
R.
D
D

COMPOSITION DE LA BRIDE.

La bride, dite anglaise, est faite en cuir jaune et composée de deux montans, d'un frontail, d'une têtière, d'une sous-gorge et des porte-mors.

Le filet est composé d'un grand et petit montant et des porte-mors.

Les rênes de la bride sont un peu plus longues que celles du filet, et toutes ces pièces sont garnies des boucles et passans nécessaires.

OU EST PLACÉE CHAQUE PIÈCE ET SON UTILITÉ.

L'utilité de la têtière est de soutenir toutes les autres pièces de la bride ; elle est placée sur la tête du cheval, derrière les oreilles. Voir n° 1 à la planche 2, fig. 2.

N° 2. Le frontail sert à empêcher la têtière de se porter trop en arrière; il est placé au - dessous des oreilles sur le front.

N° 3. Les montans de la bride désignés par *montant droit* et *montant gauche*, servent à soutenir le mors; ils sont attachés de chaque côté de la tête à leur partie supérieure, à la têtière, par une boucle. Voir A.

N° 4. Le grand montant du filet passe du côté droit sous la têtière, et vient se fixer du côté gauche au petit montant n° 5, au moyen de la boucle qui y est fixée. B.

Nº 6. La sous-gorge sert à maintenir la bride et à empêcher le cheval de se débrider. Elle se place sous la gorge du cheval et s'attache du côté gauche à la têtière par une boucle. Nº 7. La muserole est destinée à contenir les montans de la bride et du filet, et de plus à recevoir l'œillet supérieur de la martingale lorsqu'il y en a; elle est fixée dans les passans qui sont cousus aux montans de la bride et passe sur le chanfrein du cheval; elle se serre au moyen d'une boucle du côté gauche. D.

Nº 8. Les porte-mors servent à supporter les mors de la bride et du filet. Il s'en trouve à l'extrémité des montans de la bride et du filet.

Nº 9. Le rênes au moyen des porterênes E qui sont au bout, s'attachent aux anneaux des mors de la bride et du filet.

Le tout s'attachant et se fixant au moyen des boucles et passans.

Le mors de la bride, fig. 3, est composé de trois pièces principales qui sont les branches A, l'embouchure ou les canons B, la gourmette C et les anneaux D.

Le mors du filet, fig. 4, est composé de quatre pièces, deux canons A réunis par une charnière appelée *pli* B, et un anneau C à chaque bout pour être attaché aux porte-mors et aux rênes.

Je n'ai pas donné d'autres détails concernant les mors de bride et du filet, parce que je les crois inutiles ; j'en ai dit assez pour aider l'instruction sur l'embouchure et l'équipement.

INSTRUCTIONS SUR L'EMBOUCHURE.

On entend par emboucher un cheval l'action de lui ajuster un mors.

Cette opération est d'une trop grande importance pour que tout le monde puisse s'en charger.

Un écuyer et un vétérinaire peuvent seuls ajuster avec succès un mors à la bouche du cheval.

Cependant, comme on n'a pas toujours la facilité d'emprunter le secours de l'un et de l'autre, j'ai cité ici quelques moyens pour bien emboucher un cheval, afin de pouvoir aider et remédier, par la théorie, au peu d'expérience de la plupart des connaisseurs et de leurs selliers.

« Pour bien emboucher un cheval, il faut une connaissance parfaite des parties qui composent sa bouche, des variations qui s'y rencontrent, examiner l'intérieur et l'extérieur de ces parties; elles doivent servir de guide et de modèle pour la structure de l'embouchure (1), et pour pouvoir en faire une juste application, il est fort important d'examiner aussi la construction de quelques autres parties du cheval; la direction de sa tête, l'écartement des os de la ganache; voir s'ils permettent au che-

(1) Ici le mot embouchure est employé pour désigner le morceau de fer compris entre les deux branches du mors, et qui pose sur les barres du cheval. Voir planche 2, figure 3. Pièce marquée B.

val de ramener sa tête ; le plus ou moins
de longueur de son encolure, ses reins
et ses jarrets ; s'il est bas du devant ou
du derrière.

» Le mors n'est autre chose que
plusieurs morceaux de fer forgés séparément et de différentes façons, puis
réunis en deux ou en une seule pièce,
par l'éperonnier, qui doit prendre con-
seil de l'écuyer, pour les dimensions que
l'embouchure doit avoir, pour la direction et le plus ou moins de longueur des
branches et du genre de gourmettes qui
convient au cheval que l'on veut emboucher ; enfin pour décider ce qui doit rendre le mors plus ou moins doux ou dur.

» Le mors devant se trouver placé en
intermédiaire entre la bouche du cheval

et la main du cavalier qui, par l'action des rênes, communique au cheval sa volonté pour que cet interprète de sa volonté, puisse agir avec efficacité, il faut donc qu'il soit choisi par celui qui doit le mettre en action, ou par un connaisseur ; et que ce mors soit tellement ajusté aux parties de la bouche du cheval, tant intérieure qu'extérieure, qu'il n'en contrarie pas plus l'une que l'autre, afin de ne pas rendre le mors désagréable au cheval, s'il a une bonne bouche.

» Le mors bien ajusté doit toucher également toutes les parties sur lesquelles il repose, sans les comprimer ni les gêner. »

PRINCIPES POUR PLACER RÉGULIÈREMENT LE
MORS DANS LA BOUCHE DU CHEVAL.

« Le mors, de telle forme qu'il soit
établi pour la bouche du cheval, doit
être très-léger, afin qu'il n'agisse pas
par son propre poids sur les barres (1) ;
les deux canons doivent être égaux, afin
de porter également sur tous les points
des barres où gît la sensibilité, lorsqu'il
est placé dans la bouche du cheval. Les
canons doivent toucher sur les barres à
un travers de doigt des crochets d'en

(1) On appelle *barre du cheval*, les parties
de la bouche du cheval sur lesquelles pose le
mors et où il doit faire effet ; c'est la partie
principale à consulter pour emboucher un
cheval.

bas, et ne point toucher sur ceux d'en haut ; qu'ils ne soient pas trop larges, parce qu'ils trébucheraient et offenseraient les parties latérales externes des barres. Si le mors était trop étroit, il serait ce qu'on appelle noyé, parce que les lèvres recouvriraient le banquet et le bas des branches.

» Si on le plaçait trop haut, il ferait froncer les lèvres et serait maintenu par leur commissure ; son effet deviendrait presque nul, la gourmette se raccourcirait et le mors n'aurait plus de jeu. Si le cheval ne soutenait pas un peu les canons avec ses lèvres, il porterait trop sur le haut des barres, lui causerait une douleur qui lui ferait secouer la tête pour s'en débarrasser.

» S'il était placé trop bas, il porterait sur les crochets d'en bas, ferait la bascule et empêcherait la gourmette de faire son effet.

» La gourmette C, fig. 3, doit être placée sur son plat, de manière que l'on n'aperçoive aucune des extrémités des mailles dont elle est formée ; qu'elle ne soit pas trop courte, parce qu'elle ferait trop comprimer les barres et la barbe qui se trouvent entre elles et les canons.

Si elle était trop longue, elle ne ferait pas d'effet et ferait basculer le mors.

Il faut donc que le tout soit établi et placé dans de justes proportions, pour pouvoir tirer parti des propriétés du mors et qu'il ne devienne pas un obstacle à la marche et à l'instruction du che-

val ; ce qui aurait lieu si quelques-
unes des parties du mors le gênaient et
l'empêchaient de le goûter et de donner
librement dans l'appui. »

DES EFFETS DU MORS.

« L'effet du mors est gouverné par les
branches A, qui font office de deux le-
viers, dont la partie inférieure H forme
la puissance ; la résistance est formée par
la partie supérieure des branches G. Le
centre du mouvement, ou l'action du
mors qui se communique sur la bouche
du cheval, est formé par les points des
canons B, qui portent sur les barres. Ce
mouvement se communique aussi à la
gourmette, jusqu'à ce qu'elle soit à son

plus haut degré de tension ; arrivée à ce point, elle augmente l'effet de la résistance, en resserrant toutes les parties de la bouche du cheval, qui se trouvent entre elle et les canons ; elle en augmente l'effet parce que l'action de sa puissance est dépendante de sa tension et de son appui.

» En général on peut augmenter ou diminuer la puissance, la résistance et l'action du mors par la direction des branches, leur longueur, le point d'attache de la gourmette et le plus ou moins de grosseur des canons qui forment l'embouchure.

» Pour que le cavalier fasse agir le mors avec justesse dans la bouche d'un cheval, qui a la tête bien placée, il doit tenir sa main de manière qu'elle forme un triangle avec le bas des branches et le haut de la tête du cheval.

» Le cavalier fait agir le mors également chaque fois qu'il augmente la tension des rênes, qui attirent les bras de la puissance (bas des branches), en arrière, au même degré ; dans ce moment, la résistance (parties supérieures des branches) est portée en avant, jusqu'à ce que la gourmette soit tendue au point nécessaire pour obtenir une légère pression des canons sur les barres et de la gourmette sur la barbe, qui fait obéir le cheval. Cette obéissance est plus ou moins prononcée selon le degré de sensibilité des barres et de la barbe, et selon l'action de la main.

» Si le cavalier ne fait agir qu'un seul bras de levier, en tirant sur une rêne séparément, ou à un plus haut degré, la compression n'aura lieu que sur les parties de la bouche qui se trouvent du même côté.

» Lorsque le cavalier soutient la main en avant, pour enlever l'avant-main du cheval, le mors et la gourmette remontant un peu, font un effet qui excite le cheval à s'élever, mais qui produit peu d'effet sur les barres, parce que la direction des rênes devient plus diagonale.

» Si au contraire il baisse la main en tirant sur les rênes, leur direction devenant plus horizontale, fait faire plus d'effet au mors, en attirant plus directement la partie inférieure des branches du mors en arrière.

» Si dans la pose ordinaire de la main, le cavalier, en tirant sur les rênes, arrondit un peu le poignet en approchant le petit doigt du corps, l'effet du mors a lieu progressivement et avec plus de douceur ; si au contraire il ouvre le poignet, qu'il relâche le petit doigt en avant, l'effet devenant plus direct, a plus de dureté. Voilà, en général, l'effet que font produire les rênes au mors sur la bouche d'un cheval qui a la tête bien placée ; après cela, cette direction varie en raison de celle de la tête du cheval, du degré de sa sensibibilité et de sa conformation, surtout pour les parties postérieures. »

DU MORS DU FILET.

Le mors du filet (fig. 4, planc. 3) est composé de plusieurs parties dans des proportions beaucoup plus minces que celui de la bride.

Le mors du filet sert pour conduire le cheval lorsqu'on relâche l'action du mors de bride; il sert aussi à le placer, à former des demi-arrêts alternativement avec le mors de bride, pour cadencer et ralentir l'allure du cheval.

Il est bon de l'employer souvent, surtout avec les jeunes chevaux et ceux qui ont la bouche sensible.

Nota. Tous les articles guillemettés

appartiennent à M. Cordier, écuyer-
directeur du manége d'académie de
Saumur. (*Traité raisonné d'Équitation*, 1824.)

DEUXIÈME PARTIE.

*

Chapitre Deuxième.

CHOIX DES CHEVAUX DE SELLE POUR LES DAMES.

Le cheval qui est destiné à être monté par une dame, doit être dressé sans cependant être trop fin (1), car un cheval dont la bouche et les flancs seraient trop sensibles, ne serait pas agréable pour une dame, dont la posture et le vêtement s'opposent à ce qu'elle puisse tirer parti

(1) On entend par cheval fin, un cheval très-instruit et par conséquent très-sensible aux aides.

des grands moyens de son cheval. Les qualités essentielles d'un cheval de dame sont la jambe sûre, la bouche bonne, une sensibilité médiocre (1) et de la légèreté.

Il faut qu'il ait un bon pas, bien franc, qu'il déploie bien au trot et qu'il parte au galop facilement. Il n'est pas nécessaire qu'il soit grand coureur, ni dressé aux airs de manége (2).

Sa taille devra être de quatre pieds six ou huit pouces.

(1) S'entend de la susceptibilité au toucher et l'ouïe.

(2) On appelle *airs de manége*, les évolutions particulières que l'on exécute au manége.

En fait de chevaux français, les limousins et les navarrins sont les deux races que l'on doit préférer pour la selle, surtout pour les dames ; ces deux genres de chevaux étant fins, légers, lians et ayant les allures belles ; mais malheureusement ils sont rares et chers.

La mode a adopté depuis plusieurs années l'usage des chevaux normands, mais l'espèce est tellement dégénérée, que l'on en rencontre très-peu de bons ; ils sont presque tous mous, privés de liant, et rarement susceptibles d'un bon service pendant long-temps.

Un cheval limousin ou navarrin, s'il n'est pas monté avant six ans ou qu'il ait peu travaillé, est susceptible de plus de fatigues que le cheval normand, et peut

encore être agréable et sûr à monter jusqu'à vingt ans, surtout pour une dame,
qui fait peu de longues courses. De plus
le cheval de race, tel que ceux que je
cite, est plus promptement dressé et naturellement facile à mener, qualité que
n'a pas le cheval normand.

On se sert aussi des chevaux anglais;
ce sont en général d'excellens chevaux
pour hommes, mais ils ont, la plupart,
les réactions trop fortes pour les dames.

Le cheval limousin surtout tient beaucoup du cheval arabe; il est doué, comme
ce roi des chevaux, de ce bon naturel
qui le rend si précieux aux enfans du
désert.

VÊTEMENT D'UNE DAME A CHEVAL.

L'usage a consacré pour la commodité des dames qui ont le goût de l'Équitation, une robe connue sous le nom d'amazone, costume très-convenable et qui leur sied à merveille.

La façon de ce vêtement diffère quelquefois, et ce point est très-important, puisque ce vêtement peut influer sur la position de la dame à cheval et sa sûreté en cas d'événemens.

L'amazone est faite comme une robe à queue, c'est-à-dire ayant la longueur ordinaire sur le devant et très-longue par derrière, ou bien elle est aussi longue devant que derrière, et dépasse les jambes de plus d'une demi-aune.

La première forme nécessite une épingle (1) et est très-dangereuse, parce que si la dame venait à tomber ou que la selle tournât, elle se trouverait prise par le pied et courrait les plus grands risques.

La seconde forme vaut mieux sous tous les rapports, et elle a en même temps beaucoup plus de grâce que la première. A pied, elle n'est pas aussi embarrassante qu'on pourrait le craindre, parce qu'on peut la relever en dessous tout autour avec des agrafes ou des cordons. Au surplus, en supposant

____

(1) Les épingles dont on se sert pour attacher les robes à cheval, se vendent chez les selliers.

encore que cette façon d'amazone soit plus gênante à pied que la première, sa grande utilité à cheval doit lever de suite toutes les difficultés et la faire adopter.

Le petit chapeau appelé Bolivar, noué sous le menton avec des rubans, est le plus commode et a de plus le grand avantage de ne point gâter les cheveux et de bien tenir sur la tête. Les bords un peu larges empêchent le voile d'être trop près du visage et préservent aussi les yeux de l'ardeur du soleil.

Un foulard noué autour du cou sous la collerette, suffit pour garantir cette partie de l'ardeur du soleil et de l'action de l'air; il remplace la cravate, qui donne aux dames une sorte de roideur disgracieuse et peu naturelle.

Le brodequin est la meilleure chaussure pour garantir la cheville du pied d'être froissée par l'étrivière ou la selle. Il est préférable aux guêtres, n'importe le côté où elles boutonnent.

TROISIÈME PARTIE.

✳

Chapitre Troisième.

PRÉCAUTIONS A PRENDRE AVANT DE MONTER A CHEVAL.

Avant de monter à cheval, il con—
vient de passer d'un coup-d'œil, l'inspection de son équipement, afin de
voir si toutes les parties qui le composent sont bien placées ; mais avant
de procéder à cet examen, il est important de veiller à sa propre sûreté, en
tournant autour du cheval ; à pied,
lorsqu'on est près d'un cheval, on doit
comme lorsqu'on est dessus, chercher à

voir quel est son caractère, afin de se conduire et de le traiter en conséquence.

Il est, parmi les chevaux, des variétés de caractère, comme chez les hommes, et le plus ou moins de tact à étudier et saisir le caractère de l'animal dont on s'occupe, contribue autant à augmenter le plaisir que procure alors son obéissance, qu'à aggraver le danger si on le juge mal.

Le but de l'inspection est de s'assurer si la sous-gorge n'est pas trop serrée, si le mors et la gourmette sont bien placés ; si la selle l'est aussi, si la croupière n'est pas trop tendue et si elle l'est assez ; si le cheval est assez sanglé. Un cheval de dame ne l'est jamais trop ; sa position étant sujette à faire tourner la selle.

OBSERVATIONS.

La sous-gorge doit être plutôt lâche que serrée; car, lâche, elle peut encore maintenir la bride d'un cheval monté, et trop serrée, elle peut gêner la respiration de l'animal et causer de graves accidens.

Pour que le mors soit bien placé, il faut qu'il pose sur la barre, à un travers de doigt des crochets d'en bas (1).

La gourmette doit toujours être sur son plat et tendue de manière à ce qu'on ne puisse passer qu'un doigt *à plat* en-

(1) Voir la note sur l'embouchure, page 49, pour avoir une définition plus juste et plus détaillée

tre elle et la barbe sur laquelle elle doit porter.

La selle, pour être bien placée, doit être éloignée de l'os de l'épaule, de la largeur des cinq doigts, depuis la partie saillante de l'os F (voyez planche 2, fig. 2) jusqu'au panneau de la selle B; cette distance est indispensable, surtout pour une selle de dame, parce que le poids de la jambe droite chargerait trop les épaules; si la selle était plus en avant, elle gênerait beaucoup le cheval et pourrait le blesser sur le garrot.

La croupière D ne doit être ni tendue, ni lâche; le premier défaut a de plus graves inconvéniens que le second, car une croupière trop tendue peut faire ruer un cheval et le mettre en fureur; il

y en a même qui ne peuvent jamais la supporter ; trop lâche, la selle va tomber sur le garrot, et l'on a vu plus haut quels sont les inconvéniens qui en résultent.

PRINCIPES POUR MONTER A CHEVAL.

Planc. 5. La dame se placera, le côté droit au ventre du cheval, à l'endroit des sangles ; elle saisira la fourche gauche avec la main droite qui tiendra les rênes par le bout, les ongles en dessous A, fig. 1. Elle posera la main gauche B sur l'épaule du cavalier, qui recevra le pied gauche D de la dame dans ses deux mains, et afin que l'élan qu'elle prend pour s'enlever soit d'accord avec l'effort que fait le cavalier pour l'aider, la dame aura l'attention de compter à voix basse 1, 2 et 3, nombre auquel elle s'élèvera sur les deux poignets en s'appuyant sur la fourche gauche de la selle, sur l'épaule du cavalier et le pied gauche que tient ce dernier; mais pour sa sûreté elle devra s'appuyer davantage sur l'épaule du cavalier et le pied gauche qu'il tient, que sur la fourche de la selle, que ce mouvement trop fort pourrait faire tourner.

Aussitôt que la dame sera assise, elle passera la cuisse droite dans la fourche en l'y engageant jusqu'au gras de la cuisse, de manière à ce que les muscles en s'aplatissant puissent coopérer par leur poids à augmenter l'assiette (1).

Elle placera son pied gauche à l'é-trier, en observant que ce dernier ne soit ni trop court ni trop long, et pour qu'il soit au point convenable, il faut que la dame s'élevant sur son étrier, il y ait quatre pouces de distance entre le derrière et la selle.

Elle aura ensuite l'attention d'arranger la robe, afin d'éviter d'être blessée par les plis qui pourraient se former; prendra les rênes de la bride avec la main gauche en passant le petit doigt entre les rênes.

(1) On entend par ASSIETTE *à cheval*, tous les points des fesses et des cuisses qui posent sur la selle, et qui concourent à donner de l'aplomb.

La main droite tenant toujours la cravache se posera naturellement sur la cuisse droite B.

AUTRES MOYENS.

Le moyen que j'ai indiqué ci-dessus peut quelquefois laisser du vide, en ce que si le cheval que monte la dame, est ardent et impatient, le secours d'un second cavalier devient nécessaire pour l'aider; alors il se placera à la tête du cheval, pour le tenir ou le calmer.

En l'absence de ce second cavalier, si le cheval est peu tranquille au montoir (1) la dame allongera l'étrivière,

(1) Terme d'équitation qui désigne le côté gauche, qui est celui où l'on monte à cheval;

chaussera le pied gauche à l'étrier, saisira la fourche de la main gauche et le derrière de la selle avec la main droite.

Elle s'enlèvera sur le pied droit, et passant la jambe droite entre la selle et la cuisse gauche, elle se mettra en selle.

Tous ces mouvemens devront s'exécuter assez vite, afin d'éviter d'effrayer le cheval et de faire tourner la selle.

Une fois assise la dame fera ce qui est prescrit plus haut depuis A jusqu'à B, au premier moyen indiqué.

on dit aussi cheval tranquille ou impatient au montoir, lorsqu'il ne bouge pas ou qu'il s'anime au moment où on le monte.

Chapitre Quatrième.

POSITION DE LA DAME A CHEVAL.

Pour établir la position à cheval dans l'ordre le plus convenable, il faut commencer par placer les parties qui doivent servir de base aux autres.

Planc. 6. L'égal appui, sur la selle, des os que l'on sent en s'asseyant, quoiqu'ils soient ordinairement garnis de chair, constitue ce qu'on appelle à cheval l'*assiette*, position très-importante à conserver, car sans assiette point de solidité et de précision, ni d'aisance ;

aussi donnera-t-on à cette partie le plus d'étendue que l'on pourra, afin de faire porter sur la selle le plus de points possibles, ce que l'on obtiendra facilement en relâchant les muscles qui enveloppent ces parties. En général il faut se défendre de toute roideur, se faire lourd à cheval et faire en sorte que le poids du tronc soit également réparti sur le centre de gravité (1).

Quoique les cuisses ne puissent pas être, à cheval, d'un aussi grand secours pour les dames que pour les hommes, on peut encore en tirer un bon parti,

(1) Voir la définition du centre de gravité aux notes diverses, alinéa marqué BB, chapitre 13.

et pourtant les placer de la manière la
plus convenable pour ne pas les blesser.
Mais de quelque manière qu'elles soient
placées, on devra toujours préférer la position, qui offrira le plus de points de
contact avec la selle, parce que par-là
ces parties coopéreront à augmenter
l'assiette.

La cuisse droite B se placera en face
de l'encolure du cheval, entre les deux
fourches ; elle doit être tournée de manière à ce qu'elle n'empêche pas le corps
d'être assis carrément sur la selle ; la
jambe portera naturellement sur le garde-
jambe C.

La cuisse gauche peut avoir une position déterminée, et les efforts que l'on
fera devront toujours avoir pour but

de la mettre sur son plat, parce que cette partie étant la plus nerveuse, elle a nécessairement plus de force et de sensibilité, point essentiel pour le tact nécessaire à cheval; elle doit être placée de manière à ce que le genou se trouve à la hauteur du mollet de la jambe droite **D**, mais il est impossible de fixer le degré d'inclination vers le sol qu'elle devra avoir, parce que la tension de la cuisse dépend de sa conformation, de son poids et particulièrement de la liberté de son articulation avec la hanche (1).

La jambe tombant naturellement au

(1) Voir la définition de cette articulation, au chapitre 13.

bout de la cuisse, doit être maintenue un peu en arrière de la direction du genou, par le bas, et être placée de manière qu'une ligne droite qui partirait de la pointe du genou, tombât perpendiculairement sur le coude-pied.

Cette position que j'indique a été parfaitement rendue par un auteur qui a mis en vers toute la théorie militaire, et quoique cette définition regarde les deux cuisses, on sentira facilement ce qui peut s'appliquer à une seule. Voici comme il s'exprime :

- Que par leur pesanteur formant un contre-poids,
Ses jambes mollement tombent, et que la cuisse,
De la hanche au genou se tourne, s'aplatisse,

Evite la rondeur, et qu'en un tour égal,
L'une et l'autre immobile, embrasse le cheval, etc. -
MILLET.

La ceinture doit être portée en avant par le moyen des reins.

Le bas des reins doit être un peu plié en avant afin de faire un arc-boutant, dont la grande utilité sera souvent démontrée dans ce Traité. Cette flexibilité a lieu dans les dernières vertèbres lombaires (1).

Les reins devront être soutenus et cependant décrire une légère ligne courbe, comme on l'a vu ci-dessus, et qui devra s'augmenter selon les mouvemens que

(1) Voir au chapitre 13, notes diverses, ce qu'on entend par *vertèbres lombaires.*

l'on fera exécuter au cheval. Le jeu des vertèbres lombaires forme le ressort au moyen duquel on peut résister aux secousses du cheval et les amortir ; il donne les moyens de porter et maintenir le haut du corps dans la direction de l'appui du derrière sur le centre de gravité du cheval.

La ceinture en avant fait peser sur la base, et donne la facilité de bien placer la cuisse gauche.

Le haut du corps sera *aisé, libre* et *droit*, de manière qu'il soit maintenu dans sa position par son propre poids.

La poitrine doit être saillante, les épaules bien effacées et également tombantes ; ces parties du corps ainsi placées donneront beaucoup de liberté à l'amazone, dans le travail des bras, augmenteront son aplomb sur le cheval et lui donneront de la grâce. Cependant il faut bien faire attention de ne pas forcer cette position, en voulant trop mettre les épaules en arrière, ce qui donnerait une roideur qui se communiquerait aux autres parties du corps, ôterait toute liberté, donnerait un air de gêne, ferait remonter le genou gauche, soulèverait la cuisse droite, et enfin ferait perdre l'équilibre.

La tête doit être droite, aisée et d'aplomb entre les deux épaules, pour pouvoir la tourner avec facilité et pour qu'en la penchant, elle n'entraîne point le corps en avant. Elle doit être libre et sans contrainte, *pour donner à toute l'habitude du corps cet air naturel et aisé qui est le principe de la grâce.*

Les bras doivent tomber naturellement de leur propre pesanteur, sans les roidir, ce qui arrive en les serrant contre le corps ou en les soulevant. Ils doivent être placés de manière à partager le centre des parties latérales du corps ; ils doivent cependant en être assez détachés pour laisser tout le jeu possible aux articulations des doigts, des poignets et enfin à l'articulation du bras dans l'épaule.

L'avant-bras doit être soutenu par le moyen du pli du bras, de manière que le poignet soit un peu plus bas que le coude, afin d'avoir, au besoin, la facilité de les élever pour faire faire plus d'effet aux rênes.

Les poignets devront être soutenus dans la direction de l'avant-bras, et être un peu arrondis à leur partie interne sans les roidir.

✧✧✧✧✧✧✧✧✧✧✧✧✧✧✧✧✧✧✧✧✧✧✧✧✧✧✧✧✧✧✧✧✧✧✧✧✧✧✧

Chapitre Cinquième.

CONSEILS ET PRINCIPES POUR LE BRIDON.

J'ENGAGE les dames à faire usage du bridon simple pendant douze ou quinze promenades, au moins, et le fruit qu'elles en retireront, les dédommagera amplement de la privation de l'usage de la bride. D'ailleurs, un bridon est tout aussi élégant, car l'on peut faire monter le mors du bridon après la têtière de la bride, et la différence est peu sensible à l'œil.

Le fruit que l'amazone doit retirer de l'usage du bridon, est d'abord de mieux sentir l'effet des rênes, de mieux distinguer l'effet de chacune séparément, et par conséquent mieux s'assurer de la correspondance qui doit exister entre la bouche du cheval et la main de la personne qui le monte.

Le bridon étant tenu dans les deux mains, séparément, et les deux rênes devant être toujours égales, il est évident que l'amazone sera forcée d'être placée carrément à cheval, point très-important, pour la grâce et surtout l'équilibre qui doit exister à cheval.

Le mors du bridon étant construit de manière à moins offenser la bouche du cheval que le mors de bride, une débutante aura nécessairement dans ses rênes un point d'appui, *pour les com-*

mencemens seulement, qu'elle ne pourrait prendre sur les rênes de la bride,
dans aucun cas, sans ralentir l'allure
du cheval et sans courir le risque de le
faire renverser.

POSITION DES RÊNES DANS LES DEUX MAINS.

On tiendra une rêne de bridon dans
chaque main, les doigts bien fermés,
le pouce allongé sur chaque rêne, les
poignets à la hauteur de l'avant–bras,
soutenus à deux pouces de la cuisse
droite, et séparés à six pouces l'un de
l'autre.

OBSERVATIONS.

Le défaut habituel des personnes qui

débutent dans cet exercice, est de ne pas assez fermer les doigts, et alors les rênes du bridon s'allongent. Il est trop important qu'elles soient égales pour que je ne prescrive pas de suite la manière de les raccourcir ou de les allonger, selon que besoin est ; mais je recommande toujours de les ajuster toutes les deux, plutôt que de n'en redresser qu'une.

PRINCIPE POUR RACCOURCIR LA RÊNE GAUCHE.

Saisir avec le pouce et le premier doigt de la main droite, la rêne gauche au-dessus du poignet gauche, de manière à ce que les deux pouces se touchent. Ce mouvement étant exécuté, entr'ouvrir les doigts de la main gauche et laisser couler la rêne gauche jusqu'à ce que les poignets se trouvent éloignés d'un ou deux pouces l'un de l'autre. La rêne étant suffisamment raccourcie, refermer les doigts de la main gauche et replacer les poignets comme il a été indiqué.

POUR RACCOURCIR LA RÊNE DROITE.

On emploiera les mêmes principes, mais les moyens contraires.

Pour allonger les deux rênes du bridon ensemble, l'amazone pourra tout simplement desserrer un peu les doigts et laisser couler également les rênes jusqu'à ce qu'elles soient au degré de tension nécessaire, alors elle refermera les mains tout-à-fait et vérifiera de nouveau la position des poignets.

Cependant il existe un principe clair et bien détaillé pour ce mouvement, et je vais le transcrire ci-après : j'ai indiqué ce premier moyen, uniquement pour rendre aux dames ce mouvement moins ennuyeux.

POUR ALLONGER LA RÊNE GAUCHE.

Saisir la rêne gauche avec le pouce et le premier doigt de la main droite, au-dessus du pouce gauche, de manière qu'il y ait deux ou trois pouces de distance entre les deux poignets ; entr'ouvrir les doigts de la main gauche et les rapprocher de la droite jusqu'à ce que les deux pouces se touchent ; la rêne étant suffisamment allongée, refermer la main gauche et replacer les poignets à la position prescrite.

POUR ALLONGER LA RÊNE DROITE.

On emploiera les mêmes principes, mais les moyens contraires.

USAGE DU BRIDON.

POUR TOURNER LE CHEVAL A DROITE.

Ouvrir la rêne droite, c'est-à-dire porter la main à droite, sans pourtant trop détacher le coude du corps, afin de faire sentir bien distinctement l'effet de la rêne droite. Animer en même temps le cheval, en le frappant doucement sur le flanc avec la cravache, pour le décider à tourner à droite et renoûveler l'effet de cette aide jusqu'à ce qu'il ait obéi ; alors diminuer l'effet de la rêne droite, et replacer les poignets à la position prescrite.

POUR TOURNER A GAUCHE.

Ouvrir la rêne gauche et presser de la jambe gauche ; le mouvement presque fini, diminuer l'effet de la rêne gauche et de la jambe gauche, et replacer les deux poignets à la position prescrite.

Il faut observer de toujours proportionner l'effet de la rêne et de la jambe gauche à la sensibilité du cheval.

PRINCIPE POUR TENIR LES DEUX RÊNES D'UNE SEULE MAIN.

Pour réunir les rênes du bridon dans une seule main, soit pour se délasser, soit pour reposer la bouche du cheval, sans pour cela abandonner les rênes, on emploiera les principes ci-dessus démontrés.

Je suppose que l'on veuille croiser les rênes dans la main droite.

Renverser un peu le poignet droit, les ongles en dessous, et l'entr'ouvrir, passer la rêne gauche dans la main droite pour la placer sous la rêne droite, de façon que l'extrémité supérieure de la rêne gauche sorte de la main droite, du côté du petit doigt; alors refermer les doigts de la main droite et reposer la main gauche naturellement sur la cuisse.

Pour croiser les rênes dans la main gauche, mêmes principes et moyens contraires.

❖❖❖❖❖❖❖❖❖❖❖❖❖❖❖❖❖❖❖❖❖❖❖❖❖❖❖❖❖❖❖❖❖❖❖❖❖

Chapitre Sixième.

PRINCIPES DE LA BRIDE.

POSITION DE LA MAIN GAUCHE, GÉNÉRALEMENT APPELÉE MAIN DE LA BRIDE.

LE cheval étant en bride, les rênes seront toujours contenues dans la main gauche. La position de la main la plus commode pour l'amazone et pour la justesse des opérations de la bride, est généralement à six pouces du corps et élevée à trois ou quatre pouces plus ou moins de l'encolure.

La direction de l'encolure du cheval et la manière dont la tête est attachée

P.4.
97.
A D
B

nécessitent des positions différentes de la main de la bride; la planche 4 en fournit des exemples dont le détail est ci-dessous.

La figure A demande la position de la main indiquée plus haut, page 96.

La fig. B nécessite la main basse et presque sur la cuisse, afin de pouvoir ramener cette tête, par l'action du mors, dont l'effet sera différent.

La fig. C, au contraire, exige que l'on ait toujours la main haute, afin de soutenir et donner un peu de grâce à cette partie de l'animal.

La fig. D est fort incommode et même dangereuse. Le cheval qui porte ainsi la tête, doit être exclu du service de la selle, et particulièrement pour une dame.

La main gauche doit être plus basse
que le coude, le poignet arrondi de façon que les nœuds des doigts soient directement au-dessus de l'encolure; les
doigts bien fermés, les ongles vis-à-vis
le corps, le petit doigt plus rapproché
que le haut du poignet. Les rênes contenues égales dans la main, devront
être séparées par le petit doigt, et porter ensemble et à plat sur la seconde
jointure du premier doigt, sur lequel
le pouce se placera pour empêcher les
rênes de glisser. Les autres doigts bien
fermés.

« Il est bon d'observer que le petit
doigt ne doit pas être fermé autant que
les autres, afin de lui laisser, comme
régulateur, tout le tact, la justesse et la

finesse qu'il doit avoir, pour bien faire sentir l'effet distinct des deux rênes, ce qui ne pourrait pas avoir lieu s'il était fermé au même degré que les autres. D'ailleurs la pression des doigts sur les rênes ne serait plus égale, puisqu'il y en aurait quatre sur la rêne gauche et trois sur la droite. »

Je suppose, comme il est présumable, que lorsqu'on tient ainsi la main de la bride, on travaille un cheval dressé.

« Alors les mouvemens de la main gauche doivent être légers ; mais quelque petits qu'ils soient, le bras doit s'en ressentir et agir en proportion. »

Les personnes qui ne veulent travailler que de l'avant-bras sont toujours gênées dans leurs mouvemens. Il faut, pour avoir de l'aisance, que le bras prenne son appui à l'épaule, sans lui communiquer aucune force. Tous les temps d'arrêts doivent se former par gradation, et on doit les proportionner à la sensibilité du cheval, mais en augmentant la force jusqu'à la douleur de la barre, pour en faire un châtiment, s'il refusait l'obéissance. Ce moelleux est très-essentiel à observer : ce sont la plupart du temps les mouvemens saccadés de la main du cavalier, qui ruinent les chevaux, en rejetant brusquement le poids de la masse sur les jarrets.

POSITION DE LA MAIN DROITE.

La main droite tiendra la cravache à

pleine main, les quatre doigts fermés sur le gros bout, le pouce allongé dessus, le petit bout de la cravache en bas; la main placée à la hauteur de la gauche et à six pouces d'elle à peu près, le poignet naturellement placé, mais de manière que la cravache ne s'éloigne pas de l'épaule du cheval, qu'elle ne devra pas toucher. (Voir E, planche 6.)

Il est essentiel, pendant long-temps, de tenir la cravache le petit bout en bas, afin d'éviter d'effrayer le cheval.

PRINCIPE POUR AJUSTER LES RÊNES.

Saisir les rênes avec le pouce et le premier doigt de la main droite A, près du pouce gauche, planche 7, les autres doigts de la main droite étant destinés à contenir la cravache dans la même position.

Élever perpendiculairement les rênes en coulant la main droite B jusqu'au menton.

Avoir soin de ne pas serrer le coude contre le corps, ni le remonter du même côté.

Qu'il soit toujours placé naturelle-ment.

Entr'ouvrir les doigts de la main gauche D, le pouce allongé sur les rênes au point C, pour égaliser les rênes, les raccourcir ou les allonger à volonté.

Les rênes étant égales ; fermer la main gauche, abattre le bout des rênes avec

A
B
C
D

la main droite, qui l'abandonnera et reprendra sa première position.

« Mais il faut surtout employer habilement le tact de la main gauche, qui est placée en intermédiaire entre la bouche du cheval et la main droite, qui est chargée d'ajuster les rênes ; c'est au moyen de la main gauche que l'on sentira l'appui du mors sur les barres du cheval, appui qui doit être très-léger ; alors les rênes seront bien ajustées. »

Dans ce mouvement, la dame aura bien soin de ne point toucher le cheval avec la cravache ; elle devra mettre au contraire toute l'aisance possible, sans affectation.

OBSERVATIONS POUR LA MAIN GAUCHE.

A cheval, la main doit toujours travailler, c'est-à-dire pour sentir l'appui de la bouche du cheval, mais ses mouvemens doivent être inapercevables.

On doit toujours tenir son cheval dans la main, je veux dire en être le maître, afin d'être préparé à éviter les surprises, les contre-temps, et les caprices de l'animal. On sent qu'un cheval est bien dans la main, quand il obéit à l'impulsion des rênes, quelle qu'elle soit.

Il faut toujours s'étudier à mettre son cheval dans la main. Pour y parvenir et l'obliger à donner librement dans l'appui, il faut lui faire connaître la main peu à peu et avec douceur ; le tourner et le changer de main souvent ; le retenir et ménager avec adresse l'appui de la bouche, afin d'être à même de s'apercevoir si le cheval endure facilement l'effet du mors, sans peser ni tirer à la main.

Faute d'avoir cette attention, le cheval, pour se soustraire à l'effet du mors, bat à la main, c'est-à-dire qu'il encense, ou secoue la tête, ou lève le nez.

« Si par un désir excessif d'aller en avant, le cheval donne trop dans la main, il faut la rendre à temps, c'est-à-dire à point nommé ; en sorte que le cheval ne trouve plus moyen d'appuyer continuellement sur le mors. C'est cette facilité, ou liberté du cavalier, à rendre et à reprendre la main à propos et à temps, qui fait dire qu'il a une bonne main.

» L'appui de la main est le sentiment réciproque que le cavalier donne au cheval ou le cheval au cavalier, et provient du bon usage de la bride. Le bon et véritable appui de la main, est un sentiment délicat de la bride, en sorte que le cheval, retenu par la sensibilité des parties de la bouche, n'ose trop appuyer sur l'embouchure, ni battre à la main pour y résister (1). »

Le meilleur moyen pour donner à un cheval un bon appui, et le mettre

(1) Newcastle, etc.

dans la main, c'est de le galoper et le faire reculer souvent.

Enfin, l'article de la main, pour sa position, pour ses mouvemens, serait sans fin, si l'on voulait prévenir tous les écarts auxquels se livrent les personnes qui montent à cheval, même les plus adroites; car il arrive souvent que l'attache de la tête ou la direction de l'encolure du cheval, nécessite des positions différentes de celles prescrites par les principes généraux, ainsi qu'on l'a vu au commencement de ce chapitre; l'habitude seule pourra y amener. Je me bornerai seulement à rappeler ce que l'expérience m'a prouvé : que le grand talent est de passer *insensiblement* de la main ferme à la main douce ; de la main douce à la main légère , et revenir de la main légère à la main douce et ensuite à la main ferme. Il ne faut jamais franchir la main douce, autrement l'on étonne le cheval, on l'effarouche, on le précipite sur les épaules, on le jette sur les jar-rets. Ce mouvement brusque a encore l'inconvénient de lui gâter la bouche et de falsifier ses allures. De plus, le cheval que l'on conduit ainsi, craint l'appui, qu'il regarde comme un châti-ment, et cherche à s'en affranchir sou-vent par une défense opiniâtre.

OBSERVATIONS.

La *main ferme* est celle qui par son

immobilité résiste aux mouvemens de la tête du cheval.

La *main douce* est celle qui agit avec beaucoup de liaison et de délicatesse.

La *main légère* est celle qui ne se fait sentir que moelleusement et par intervalles.

La *main assurée* est celle qui reste en repos malgré les mouvemens de corps du cavalier.

PRINCIPE POUR PRENDRE LE FILET DE LA MAIN DROITE.

Le filet est d'une grande ressource, et je recommanderai beaucoup aux dames d'en faire usage.

Elles s'en serviront pour conduire le cheval avec plus de douceur, s'il n'a pas encore la bouche faite (1), ou s'il l'a trop sensible. Le filet sert aussi à lui faire goûter le mors (2) et à l'enlever dans les sauts (3).

Il existe un principe pour prendre

(1) On entend, par bouche faite, une bouche habituée au mors.

(2) On entend, par goûter le mors, le sentir avec plaisir dans la bouche ; l'on s'en aperçoit lorsque le cheval écume, et le mouille de salive.

(3) Le secours d'un filet pour enlever le cheval dans les sauts, ne peut être employé que lorsque l'on est d'une certaine force, ou pour dresser des chevaux ; mais l'expérience

les rênes du filet avec la main droite ;
mais ce principe exige que les rênes du
filet soient ajustées à la longueur convenable ; et, comme elles ne le sont pour
ainsi dire jamais, surtout en bride an
glaise , j'indiquerai ici le moyen le
plus facile pour les prendre comme
elles se trouvent.

L'amazone rassemblera les rênes du
filet avec la main droite, et les posera ,
sans les tendre, entre le pouce et le
premier doigt de la main gauche (1).

Ensuite elle placera l'index de la

prouvant journellement que l'on peut s'en
passer pour faire sauter le cheval, je n'indiquerai pas le moyen de s'en servir pour cet
usage.

(1) Voir planche 8

main droite B entre les deux rênes au point **C**, un peu plus bas que le poignet gauche, et, refermant ensuite la main, le bout des rênes se trouvera dans la main droite avec la cravache, et sortira entre les deux derniers doigts **D**.

On tiendra les rênes du filet un peu plus courtes que celles de la bride ; la main droite sera placée à la même hauteur que la main gauche, et un peu sur le côté.

L'usage dans les manéges est de faire tenir la main droite au-dessus de celle de la bride ; mais cette position donne un air à prétention et guindé, qui n'est pas naturel aux dames.

On se sert des rênes du filet pour

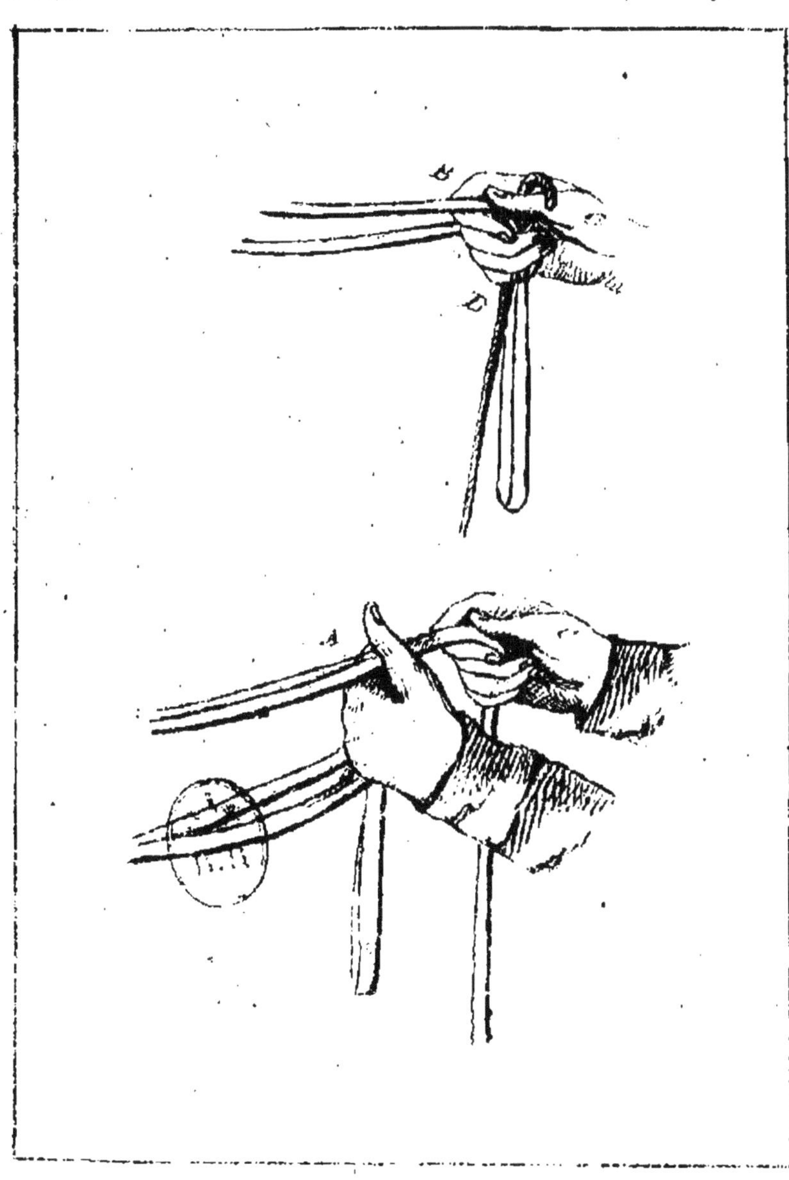
B
D
A

aider et déterminer le cheval à tourner à droite ou à gauche.

Par exemple :

Pour aider le cheval à tourner à gauche, on fera sentir un peu la rêne gauche du filet en étendant dessus cette rêne le doigt index, qui se trouve entre les deux rênes à cette intention; l'effet du mors du filet étant moins prononcé que celui de la bride, cette légère tension de la rêne gauche obtiendra du cheval ce que l'effet trop dur de la bride n'aurait pu lui faire faire.

Il en sera de même pour la rêne droite.

On se servira alternativement de la bride et du filet pour rafraîchir la bouche du cheval (1); mais jamais des deux à la fois. Le but de ce mouvement est de laisser rafraîchir les parties de la bouche du cheval, qui sont comprimées par le mors.

Dans les momens de repos, soit en marchant (2), soit de pied ferme (3), on rendra tout-à-fait la main de la bride, et l'on conduira le cheval avec le filet. Cette opération est don-

(1) Ce mouvement consiste à rendre et reprendre continuellement, mais d'une manière imperceptible.

(2) On entend par *repos en marchant*, lorsque tout en marchant on cesse totalement l'effet des aides et que l'on rend la main.

(3) Terme d'équitation qui signifie *le cheval arrêté*.

née au cheval, comme récompense ; le mors du filet étant beaucoup plus doux à sa bouche que le mors de la bride, puisqu'il est brisé dans le milieu.

Chapitre Septième.

DES AIDES.

Après avoir bien démontré les principes que les dames peuvent employer pour monter à cheval, avoir indiqué la position qu'il leur convient d'y prendre, leur avoir enseigné la manière de tenir les rênes de la bride, je vais leur apprendre à mettre le cheval en mouvement, à le diriger selon leur volonté, et leur faire connaître les moyens que la posture d'une dame à cheval leur permet d'employer pour y parvenir.

On entend par *aides*, en équitation,

les moyens que la nature et l'art ont mis à notre disposition pour communiquer au cheval nos volontés et les lui faire exécuter.

La manière de monter des dames les prive de l'usage de leurs jambes, employées comme aides, mais elles remédieront à cet inconvénient par le tact de la main de la bride.

Les aides dont les dames peuvent faire usage sont :

Les mains,

Les rênes,

La cravache,

L'appel de la langue et la jambe gauche.

DÉFINITION ET EMPLOI DES AIDES EN PARTICULIER.

La main sert à rassembler l'avant-main du cheval, à l'élever, à soutenir cette partie dans tous les mouvemens qu'il fait, à déterminer l'avant-main à tourner à droite et à gauche, à ralentir la masse entière, à changer les allures et placer le cheval sur des lignes droites ou circulaires; enfin elle doit faire l'effet d'un gouvernail pour diriger la masse en tous sens.

Elle est aussi d'un grand secours pour établir la communication qui doit exister entre le cavalier et son cheval.

Je conseille, surtout aux dames, de

s'attacher beaucoup à tous les principes qui concernent la main , car, pour elles, cette aide est une des plus importantes.

DES RÊNES.

Les rênes servent de moyen pour faire sentir au cheval la volonté du cavalier ; leur action doit toujours être d'accord avec celle des aides et la sensibilité du cheval.

DE LA CRAVACHE.

La cravache est une baguette de baleine recouverte de fil ciré, espèce de boyau, bien ficelé et collé, longue de deux pieds et demi à trois pieds. Elle est terminée par une mèche; on s'en sert comme châtiment et comme aide, selon que besoin est.

On emploie quelquefois aussi le siffler de la cravache comme aide, mais il ne faut s'en servir que bien prudemment, et rarement.

DE L'APPEL DE LA LANGUE.

L'appel de la langue est un son que l'on exprime presqu'à voix basse, et qui anime tous les chevaux.

La jambe gauche peut quelquefois être employée comme aide, mais ce moyen exige une grande finesse pour qu'il produise un heureux succès.

PRINCIPE POUR RASSEMBLER LE CHEVAL AVANT DE MARCHER.

Avant de mettre le cheval en mouvement, il faut toujours le rassembler ; cette action a pour but de prévenir le cheval, que l'on va exiger quelque chose de lui, et par-là éviter qu'il ne soit surpris par l'emploi subit des aides , ce qui peut quelquefois causer de graves accidens.

Comme il est indispensable que les deux rênes soient égales, on commencera donc par les ajuster.

Pour rassembler le cheval, il faut s'asseoir (1), se grandir du haut du

(1) Veut dire ici se remettre en selle carrément et reprendre son aplomb.

corps, élever un peu le poignet, appeler une fois ou deux de la langue, ou toucher légèrement le cheval avec la cravache, sur l'épaule, le tout selon sa sensibilité.

Le cheval étant ainsi rassemblé, baisser la main par degrés pour lui donner la liberté de se porter en avant. Le cheval ayant obéi, replacer la main à sa première position et ne plus employer que ce qu'il faut d'aides pour entretenir l'allure.

Ce sera toujours à l'allure du pas que devra s'embarquer l'amazone, cette allure étant la moins vite, la plus douce, et par conséquent celle qui dérange le moins l'assiette.

Le pas doit être étendu médiocrement, soutenu, égal, et en rapport avec la taille de l'animal.

En général, on entend par *cheval rassemblé*, ou assis, celui qui, par l'action souple et flexible de ses hanches, les porte en avant et sous lui, pour supporter le poids de son corps, alléger le devant, et servir de ressort et de point d'appui à tous ses mouvemens.

Un auteur que j'ai déjà cité a parfaitement rendu l'action du rassemblé :

« C'est par ce moyen seul qu'un coursier peut soudain,
Rapprochant à la fois l'arrière et l'avant-main,
Sous le centre commun, les reployer ensemble,
Solliciter du frein la main qui les rassemble,

Se balancer par temps sur ses jarrets nerveux,
Arrêter, comprimer ses élans vigoureux,
Et, suivant le désir de l'homme qui le guide,
Partir ou s'élancer d'un pas lent ou rapide. »

❖❖❖❖❖❖❖❖❖❖❖❖❖❖❖❖❖❖❖❖❖❖❖❖❖❖❖❖❖❖

Chapitre Huitième.

MOYENS POUR CONSERVER LA POSITION EN MARCHANT.

La position de l'amazone, lorsque le cheval est en marche, doit être la même que lorsqu'il est au repos, à l'exception cependant du plus ou moins de flexibilité des reins, qu'exige la dureté des réactions du cheval ou le degré de vitesse de son allure. Il faut donc à chaque mouvement que fait le cheval, que la réaction occasionée par ce mouvement, se fasse ressentir plus ou moins également à toutes les parties du corps, selon qu'elles touchent de plus près le cheval. Ce tact, pour sentir les réactions du cheval, et agir à propos, est le fruit d'une longue expérience ; mais l'on peut abréger le laps de temps nécessaire pour y parvenir, par une étude suivie et surtout une grande attention ; et, pour faciliter ce travail, je vais donner ici les moyens de sentir les mouvemens du cheval en marchant.

A mesure que l'amazone se perfectionnera dans ce talent, elle acquerra l'aplomb qui lui est nécessaire pour soutenir toutes les allures, même les plus vives, et trouvera bien plus d'agrément dans cet exercice.

Le chapitre XII, qui traite du mécanisme des allures, peut aider beaucoup dans ce travail, et j'engage les dames à le lire souvent.

De tous les moyens en usage, le suivant m'a paru jusqu'à présent le plus certain.

« Le cheval que l'on devra choisir, aura le pas allongé et étendu, et c'est la position des pieds de devant qu'on s'attachera à distinguer.

» Pour mieux sentir le mouvement du cheval il est nécessaire de regarder, dans les commencemens, le mouvement de l'épaule pour voir quel pied pose à terre et quel pied lève, en comptant ce mouvement dans sa tête et en disant : une, deux.

» Par exemple :

» Lorsque le pied gauche de devant

se pose à terre, il faut en soi-même
dire : un ; et, quand le pied droit se pose
à son tour, il faut dire : deux ; et ainsi
de suite en comptant toujours *une, deux*.

» Ce n'est pas une chose bien difficile
que de compter, à la vue de la pose de
chaque pied ; mais l'essentiel est de faire
passer ce sentiment dans les cuisses et
dans les jarrets : en sorte que l'impression que fait un pied lorsqu'il se pose à
terre, passe dans le jarret, du même
côté, sans plus regarder le mouvement
de l'épaule : alors, compter en soi-
même, *un*, et *deux*, lorsque l'autre pied
se lève à son tour. Avec un peu d'attention, en observant cette méthode,
on sentira en peu de temps dans les cuis-

ses et dans les jarrets, quel pied pose et quel pied lève (1). »

Au premier coup-d'œil, les dames craindront de ne pouvoir jamais acquérir ce tact, à cause de leur posture à cheval; mais qu'elles se rassurent, car si l'usage les prive à cheval des plus grands moyens que nous ayons pour gouverner ce bon animal, la nature a été prodigue envers elles de cette finesse dans le toucher, qui est si nécessaire pour parvenir au but que l'on se propose dans cette étude. Ensuite le genou droit posant immédiatement au-dessus de l'attache des épaules, le mouvement de ces dernières se fait bien

(1) Laguérinière, Traité, etc.

sentir au pied droit, qui pose dessus l'épaule gauche du cheval ; ce que l'on comprendra facilement en remarquant le mouvement que fait l'os de l'épaule dans le lever et le poser des extrémités.

De plus, pour que le cheval puisse lever un membre, il faut qu'il reporte sur l'autre une partie du poids qu'il supportait, ce qui occasione une vacillation peu sensible à l'œil, mais que le toucher peut faire distinguer.

❖❖❖❖❖❖❖❖❖❖❖❖❖❖❖❖❖❖❖❖❖❖❖❖❖❖❖❖❖❖❖❖

Chapitre Neuvième.

MOUVEMENS A EXÉCUTER AU PAS.

DE toutes les allures, le pas étant celle qui donne le plus de sécurité, c'est à cette allure que l'amazone apprendra tout ce qu'il est essentiel de savoir pour conduire le cheval. Une fois qu'elle connaîtra bien ce qui est compris dans ce chapitre, elle sera elle-même dans le cas d'en faire usage pour toutes les allures, en disposant les nuances que nécessiteront la vitesse des allures et le plus ou moins de sensibilité du cheval.

DÉFINITION DES DEMI-ARRÊTS (1).

Pour conduire le cheval avec quelque finesse et quelqu'agrément, il est essentiel de former souvent des demi-arrêts ; leur usage est d'une trop grande importance pour que je ne donne pas une définition claire, nette et détaillée de leurs effets.

« Un *demi-arrêt* est la moitié de l'impression que doit faire le mors sur la bouche du cheval pour l'arrêter.

» L'arrêt doit toujours être précédé

(1) La définition des demi-arrêts que je rapporte ici est puisée dans l'excellent ouvrage de M. Cordier; c'est le *nec plus ultrà* de l'expérience.

d'un ou plusieurs demi-arrêts qui commencent à préparer le cheval à arrêter ; bien entendu que l'effet du mors doit toujours, relativement à la bouche du cheval, se faire sentir dans les demi-arrêts tout comme dans l'arrêt.

» Car le demi-arrêt qu'on formera sur un cheval qui aurait la bouche ferme, suffirait pour l'arrêt d'un autre qui l'aurait sensible ; mais, dans les deux cas, *c'est toujours la moitié de l'effet qu'il faut employer pour l'arrêt, qui forme le demi-arrêt.*

» Les demi-arrêts servent à ralentir le cheval dans ses allures, à les lui faire cadencer avec l'accord des aides, à le soutenir lorsqu'il s'abandonne sur les épaules, en lui faisant élever son avant-main. Ils servent encore d'avertissement au cheval pour lui faire prêter attention, et le disposer à exécuter ce que son cavalier va exiger de lui.

» Les demi-arrêts doivent être gradués selon la sensibilité de la bouche du cheval, et selon le mouvement qu'on veut lui faire exécuter.

» Par exemple :

» Les demi-arrêts pour cadencer l'allure, doivent être légers.

Pour ralentir, un peu plus ferme,

Pour rassembler, un peu plus fort,

Pour faire changer d'allure, ils doivent se faire un peu plus sentir, selon celle qu'on veut prendre ;

Pour disposer le cheval à sauter, il

faut les marquer un peu plus; et enfin pour reculer, encore davantage; ensuite vient l'arrêt. »

RASSEMBLER LE CHEVAL EN MARCHANT.

Mêmes principes que pour le rassembler de pied ferme : la main et les autres aides doivent agir assez de concert pour pouvoir rassembler le cheval sans ralentir ni doubler son allure, l'action du rassembler étant seulement de le préparer à un mouvement quelconque.

AUGMENTER UN PEU L'ALLURE.

Fournir encore un peu plus d'aides et rendre un peu la main; le cheval ayant obéi, replacer la main et cesser l'action des aides par degrés.

RALENTIR.

Tout en formant des demi-arrêts, soutenir un peu la main et augmenter progressivement l'effet des rênes, jusqu'à ce que le cheval soit mis au degré d'allure exigé, ayant soin de proportionner l'action des autres aides à l'effet des rênes.

ARRÊTER.

Augmenter l'effet employé pour ralentir et faire sentir l'appui du mors sur la bouche du cheval, jusqu'à ce qu'il arrête ; alors, augmenter moelleusement l'effet des aides, pour le soutenir et éviter qu'il recule ; aussitôt qu'il aura obéi, rendre la main par degrés, en tournant les ongles en dessous, pour le récompenser de son obéissance. Ensuite on lui rendra tout-à-fait la main, mais toujours par degrés, sans pour cela abandonner les rênes : il est à propos aussi de le caresser sur l'encolure en lui parlant.

Pendant ces momens de repos, il faut se délasser en changeant de position, parce que conserver long-temps la même, ferait contracter de la roideur, vice contre lequel on ne saurait trop se mettre en garde.

RENDRE LA MAIN.

C'est ne plus faire sentir au cheval l'appui du mors ; mais avant de rendre la main, il faut s'assurer que le cheval soit dans son équilibre. On l'y mettra en formant plusieurs demi-arrêts , qui allégeront l'avant-main en faisant reporter une grande partie du corps sur l'arrière-main.

En rendant la main , il faut baisser graduellement les rênes , c'est-à-dire six lignes à la fois seulement, toujours dans la direction où elles se trouvent placées, et sans changer leur position ; car en les portant en avant on les rendrait tout d'un coup flottantes, et si on avait besoin de s'en servir on ne pourrait le faire sans saccade ; ce qu'il faut bien éviter. D'ailleurs, il faut toujours se réserver les moyens d'arrêter son cheval s'il venait à se porter en avant.

RECULER ET METTRE LE CHEVAL DROIT.

Rassembler d'abord le cheval, en-suite soutenir la main graduellement jusqu'à ce qu'il recule. Cet effet graduel de la main doit être des demi-arrêts multipliés, en laissant entre eux un peu d'intervalle, lorsque le cheval a reculé quelque pas, puis le reprendre, et c'est ce qu'on appelle rendre et reprendre.

Il faut dans ce mouvement mettre dans les opérations de la main, le plus de justesse possible, afin d'éviter que le cheval recule de travers. Si le cheval jette ses hanches à gauche, l'amazone emploiera, pour le redresser, le secours de sa jambe gauche, en la serrant contre le cheval, ce qui s'appelle *fermer la jambe gauche*. S'il jette ses hanches à droite, elle touchera légèrement avec la cravache sur le flanc, pour le remettre droit, ayant soin de proportionner l'effet des aides à la sensibilité du cheval et à l'importance du défaut que l'on veut rectifier ; autrement on inquiéterait le cheval, qui se dérangerait encore davantage.

Lorsque le cheval a reculé au point désiré, diminuer graduellement l'effet des rênes et fixer le cheval en place, par le moyen des aides, en faisant ré-

partir également le poids de son corps
sur ses quatre extrémités. Cette dernière opération s'appelle *mettre le che-*
val droit.

CHANGEMENS DE DIRECTION.

Toutes les fois que l'on veut changer
de direction, ou autrement dit, tourner
à droite ou à gauche, que l'on soit de
pied ferme ou en marchant, on doit
toujours rassembler le cheval et former
de plus un demi-arrêt, un peu avant
d'arriver à l'endroit où on veut tourner.

TOURNER A DROITE.

Tourner un peu les doigts en haut,
ce qui tendra la rêne droite ; porter la

main un peu en avant et à droite, et faire décrire au cheval un quart de cercle de quatre à cinq pas sur la ligne des épaules, c'est-à-dire entretenir l'allure et faire parcourir aux hanches le chemin qu'ont tracé les épaules. Si le cheval n'obéissait pas à l'impulsion de la bride, aider de la cravache en frappant sur le flanc droit du cheval, ce qui, en chassant les hanches à gauche, secondera parfaitement l'effet de la main.

OBSERVATIONS.

Je prescris de former un demi-arrêt afin d'alléger l'avant-main ;

De faire décrire au cheval un quart de cercle de cinq pas, afin d'éviter qu'il

croise ses jambes de devant, ce qui ar-
riverait pour le sûr si on tournait trop
court, et le ferait tomber.

POUR TOURNER A GAUCHE.

Mêmes principes et moyens contraires ; et au lieu d'employer le secours de
la cravache , l'amazone pressera son
cheval avec la jambe gauche, ce qui
chassera les hanches à droite et secondera l'effet de la main de la bride.

Chapitre Dixième.

NOTIONS GÉNÉRALES

SUR LA MANIÈRE DE CONDUIRE LE CHEVAL EN MARCHE.

Il est très-essentiel que l'amazone sache bien exécuter au pas tous les mouvemens détaillés dans le chapitre précédent, avant de passer à des allures plus vives, et lorsqu'au pas elle aura acquis cet aplomb et cette souplesse au moyen desquels on supporte, sans aucune peine, les mouvemens du cheval, l'amazone pourra passer au trot bien facilement.

Quand le cheval est en marche, l'effet des aides doit toujours être en harmonie avec son caractère et sa vigueur. La jambe gauche et la cravache pour entretenir l'allure, et la main de la bride pour la régler et le diriger.

Toutes les fois que l'on fait mauvais usage des aides, c'est-à-dire qu'on les emploie par à-coups, si le cheval est au pas, il trotine, ou sa marche est découse (1).

Si les demi-arrêts sont formés avec trop de force, ils empêchent le cheval de marcher franchement et le mettent sur les jarrets.

Enfin lorsque la main et les autres

(1) La marche est décousue, lorsque l'ordre dans lequel les extrémités doivent se mouvoir, est interverti ; alors le corps éprouve un vacillement désagréable.

aides n'agissent pas parfaitement d'accord, les allures sont falsifiées, n'ont plus rien d'agréable, et le cheval est gâté, pour peu qu'il ait de la finesse.

PRINCIPES POUR PASSER AU TROT.

Le cheval marchant au pas, pour lui faire doubler l'allure, l'amazone le rassemblera en marchant, d'après les principes indiqués au chapitre IX, et le cheval prendra le trot.

La position de l'amazone au trot, sera la même qu'au pas, mais cette allure étant plus vive, et les réactions du cheval se faisant sentir avec plus de force, exige de la part de l'amazone plus de liant, plus de souplesse que le pas, puisque la souplesse à cheval amortit les réactions, augmente l'aplomb et donne de la grâce.

Au trot surtout, la main gauche doit travailler avec attention, afin de tenir le cheval en main, tout en lui laissant les moyens de se déployer, en lui rendant de temps en temps la main, sans pour cela l'abandonner.

Ce n'est que par le jeu des vertèbres lombaires (1) qui forment ressort, que l'amazone peut résister aux secousses du cheval et empêcher l'assiette d'être dérangée à chaque temps de trot. Cette flexibilité doit s'employer selon la du

(1) Voir la définition des vertèbres lombaires, aux Notes diverses, page 191.

reté de l'allure ; on ne doit ni prévenir ni retarder l'accord qui doit exister entre les ressorts de l'amazone et les secousses du cheval.

On préviendrait le mouvement, si on fléchissait du pli des reins avant que la réaction du temps de trot se fasse sentir à l'assiette. On le retarderait si on fléchissait du pli des reins après la réaction.

Dans les deux cas, les ressorts de l'amazone ne se trouvant pas en harmonie avec les réactions du cheval, à chaque temps de trot, l'assiette serait enlevée de dessus la selle, et le haut du corps serait jeté en avant. Ainsi, il faut que ce soit au moment même où le temps de trot, ou toute autre réaction du cheval s'exécute, que l'amazone fléchisse graduellement du pli des reins, sans faire de mouvemens de corps, c'est-à-dire de manière que ce moelleux dans les reins, qui doit être employé sans abandon, soit tellement exécuté avec justesse, et proportionnément au degré d'allure, qu'il ne soit même pas remarquable à l'œil. En agissant ainsi, le derrière ne quittera pas la selle, et l'amazone ne perdra pas un instant la ligne d'aplomb.

Il faut, au trot, suivre le mouvement du cheval comme au pas; et pour y parvenir on emploiera les moyens prescrits pour les sentir au pas, ce qui n'est pas beaucoup plus difficile; car si les mouvemens sont faits plus vite, les réactions sont plus dures, et par conséquent on pourra sentir ce que l'on ne verra plus.

DU TROT A L'ANGLAISE (1).

« Les Anglais, dans leur manière de monter à cheval, sont obligés de cher-cher les ressorts nécessaires, dans les ar-ticulations des pieds et des genoux, qui fléchissent en mesure à chaque réaction du cheval. Mais cette manière, qui en-lève le corps et l'assiette, n'a pas autant de ressort, de justesse, de finesse et de solidité, puisque le cavalier n'est pas aussi lié à son cheval qu'à la manière française, et qu'il ne peut pas se servir

(1) D'après Cordier.

de ses jambes pour gouverner son cheval avec justesse. »

Le trot à l'anglaise ne peut être pratiqué que lorsque l'on a déjà acquis de l'aplomb selon la méthode française ; car autrement on s'éloigne trop de la selle , et le moindre contre-temps peut faire sortir la cuisse droite de la fourche , et faire perdre l'équilibre.

J'engage bien les dames à ne pas débuter au trot par cette méthode, car ce serait retarder leurs progrès.

PRINCIPES POUR PASSER D'UNE ALLURE VIVE A UNE PLUS LENTE , TELLE QUE DU TROT AU PAS.

Former un ou plusieurs demi-arrêts pour disposer son cheval à changer d'al-

lure ; puis, lorsqu'on le sent préparé ,
en former un dernier plus fort pour faire
passer le cheval du trot au pas. Ensuite, tandis que la main de la bride
fait changer d'allure , il faut que les autres aides agissent avec assez de finesse
pour empêcher le cheval d'arrêter, et
en même temps entretenir l'allure du
pas, que l'on fera un peu allonger dans
le commencement, et que l'on fixera
ensuite au degré nécessaire ; et ce , toujours au moyen des demi-arrêts. C'est
dans le passage du trot au pas que l'a-
mazone devra , en portant la ceinture
en avant et coulant les fesses sous elle,
pour ainsi dire, faire usage de la souplesse dont les reins sont doués. Il faut
bien éviter de porter le haut du corps

en avant, ce qui est vicieux sous tous les rapports.

PRINCIPES DU GALOP.

L'on pourra partir au galop étant au pas comme au trot ; ce sera à l'amazone à juger de la force des aides qu'il faudra employer pour mouvoir son cheval.

Il ne suffit pas de décider le cheval à prendre le galop, il faut le faire partir plutôt d'un pied que de l'autre. C'est toujours sur le pied droit que doit galoper un cheval de dame ; leur position à cheval l'exige ainsi : le galop sur le pied gauche dérange trop leur assiette et leur fait en outre ressentir une réaction désagréable et même fatigante.

Pour partir au galop, l'amazone devra rassembler son cheval et s'assurer
s'il est bien d'aplomb , c'est-à-dire si le
poids de la masse entière est également
réparti sur les quatre extrémités. Alors
elle fera sentir un peu la rêne gauche ,
en tournant un peu les ongles en l'air (1)
afin d'attirer la tête du cheval à gauche et par conséquent avec elle le poids
de l'avant-main qui , étant reportée
sur l'extrémité antérieure gauche, allé-
gera l'extrémité droite; puis , l'amazone
donnera un coup de cravache sur l'é-
paule droite en rendant en même temps
un peu la main, et le cheval s'embarquera
franchement au galop sur le pied droit.
Voir planche 9.

(1) Ce qui raccourcit la rêne gauche.

165.
P.9.

Dans tous les cas, on devra toujours rassembler le cheval proportionnément à sa sensibilité et au degré de vitesse qu'on veut exiger de lui.

Je ferai pour le galop la même recommandation qu'au trot, pour les opérations de la main ; mais j'appuierai surtout sur le principe suivant :

Sentir toujours son cheval dans la main (1) et faire fréquemment l'action de rendre et reprendre. C'est le moyen de faire cadencer le galop, mettre le cheval sur les hanches et lui faire trouver de l'agrément dans le travail. Il n'est pas rare de voir le cheval prendre goût

(1) Voir l'instruction pour la main gauche, chapitre VII.

au galop, et si la main est bonne, il en témoigne son contentement par des sauts réguliers et des envies d'aller plus vite.

Entre autres observations que je ferai pour le galop, je dirai qu'une des choses principales pour bien goûter l'allure du galop, est de bien sentir son cheval, et de savoir distinguer sur quel pied il galope, et si son galop est juste ou faux.

MOYEN DE SENTIR SUR QUEL PIED GALOPPE LE CHEVAL.

Si le cheval galope juste, *à droite*, l'amazone sentira sa cuisse droite rouler en dedans (1) et la gauche rouler en

______

(1) C'est-à-dire que l'on éprouve une com-

arrière dans l'autre sens, et éprouvera une commotion agréable qui ne dérangera en rien son assiette.

Au contraire, si le cheval galope juste à gauche, elle sentira la cuisse gauche rouler en avant, suivre le mouvement de l'épaule du cheval, et de plus l'amazone ressentira une réaction désagréable qui dérangera son assiette.

Le galop est l'allure la plus écoutée, la plus attrayante, celle qui donne le plus de grâce à l'amazone et au cheval. On ne saurait trop attacher d'importance aux moyens indiqués pour être

motion qui fait soulever la cuisse droite en la faisant rouler en dedans ; mais ce mouvement est imperceptible, il ne peut être que senti.

14

tellement en harmonie avec le cheval, que le moindre de ses mouvemens communique une commotion plus ou moins forte à la partie du corps qui avoisine le membre qui a été mis en action.

Je m'arrêterai là pour ce qui tient à la finesse du galop ; les dames sont privées de trop d'aides, à cheval, pour être à même de s'apercevoir de toutes les nuances de perfection et d'imperfection qui existent dans cette allure, et en supposant qu'elles s'en aperçussent, elles ne pourraient rectifier ces irrégularités d'allures, que par des saccades qui les aggraveraient plutôt que de les faire disparaître.

OBSERVATIONS.

Le cheval galoppant sur le pied droit, si l'on veut tourner à droite, on le peut sans faire d'autres mouvemens préparatoires que des demi-arrêts avant de tourner. Mais si le cheval galoppe sur le pied gauche, et que l'on veuille tourner à droite, il est indispensable de remettre le cheval au trot, autrement il croiserait sa jambe droite de devant par-dessus la gauche, et tomberait pour sûr.

Même attention à avoir pour tourner à gauche.

SAUT DU FOSSÉ.

L'amazone qui voudra faire passer un fossé à son cheval, l'amènera sur le bord, lui rendra la main un peu pour qu'il puisse regarder le fossé, afin de proportionner son élan à sa largeur ; alors elle le rassemblera, et lui donnera un coup de cravache sur la fesse, en rendant davantage la main, sans pourtant l'abandonner. Le cheval franchira l'obstacle : aussitôt qu'il aura posé les pieds de l'autre côté, l'amazone reprendra ses rênes, sans à-coups, et replacera la main gauche à la position déjà prescrite.

C'est dans ce mouvement que l'on peut se servir avec avantage du filet. Beaucoup de chevaux ont l'habitude de chercher à se dérober lorsqu'on veut leur faire sauter un fossé, c'est-à-dire qu'ils cherchent à s'échapper, en se portant à droite ou à gauche ; mais on devra toujours remettre le cheval bien en face du fossé, avant de l'animer pour le faire sauter.

Un fossé de trois ou quatre pieds de large, est d'une grande largeur pour une dame, et en général je ne conseille pas aux dames de sauter beaucoup de fossés, cet exercice causant souvent des réactions trop fortes et des accidens graves.

SAUT DE LA BARRIÈRE.

Pour le saut de la barrière, on emploiera les mêmes principes ; et la hauteur d'une barrière est de trois pieds : mais je recommande encore aux dames davantage de s'abstenir de les sauter.

Chapitre Onzième.

PRINCIPES POUR DESCENDRE DE CHEVAL.

Si l'amazone tient les rênes du filet, elle les laissera tomber également sur l'encolure du cheval ; ensuite elle prendra les rênes de la bride avec la main droite B, sans quitter la cravache, et la posera sur la fourche dróite. Elle passera la jambe droite par-dessus la fourche gauche pour la dégager; posera la main gauche sur celle du cavalier A, planc. 10. Alors, s'appuyant sur cette main, et s'étayant de la four-

P.10.

297.

che gauche, sur laquelle elle rappor-
tera sa main droite B, elle se laissera
glisser de long de la selle, et sautera
légèrement à terre, ayant attention de
tomber sur la pointe des pieds, en pliant
un peu les genoux afin d'amortir la se-
cousse.

QUATRIÈME PARTIE.

*

Chapitre Douzième.

DES DIFFÉRENTES ALLURES.

Les allures ont été divisées généralement en naturelles, défectueuses et artificielles : mais cette division est peu
exacte puisqu'il y en a de naturelles
qui sont défectueuses, et qu'une partie
même de celles-ci sont artificielles.

Les allures naturelles et qui sont particulières à la majeure partie des chevaux, dès le moment de leur nais-
sance, sont le pas, le trot et le galop.

Les allures défectueuses produites par

l'usure , la fatigue , la mauvaise conformation ou les mauvaises habitudes
des cavaliers, sont : *l'entre-pas* ou pas
relevé , *le traquenard, l'amble rompu*
ou *l'aubin.*

Les allures artificielles sont celles qui
sont le résultat du travail du manége;
et comme elles ne sont praticables que
dans l'enceinte d'une carrière, je m'abs-
tiendrai entièrement d'en parler dans
mon Traité.

Il y a encore une allure appelée l'amble, qui est regardée par beaucoup de
monde comme défectueuse, et qui ne
l'est cependant pas précisément : mais
comme elle ne doit pas être pratiquée
par les dames, je ne traiterai que des
trois principales.

« Le pas est le mouvement le plus froid et le plus négligé du cheval.

» Le trot, plus conforme à la vivacité de son caractère, tient le milieu entre la nonchalance et la passion.

» Le galop est l'effet de son courage et du sentiment de sa force. »

DE LA LOCOMOTION.

Ce Traité ayant été fait dans l'intention de simplifier l'étude de l'équitation pour les dames, je ne ferai qu'une courte définition du mécanisme des allures ; et mon but principal, en décomposant la marche du cheval, est de faciliter aux dames l'application du principe que j'ai détaillé au chap. VIII, *pour sentir* les mouvemens du cheval en marchant.

Le cheval est susceptible de marcher sur cinq sens différens ; et ces cinq mouvemens constituent en entier la marche. Toutes les opérations de l'équitation sont dérivées de ces mouvemens, qui sont en *avant*, en *arrière*, à *droite*, à *gauche*, et en *cercle* ou en *rond*.

Avant de parler de la succession méthodique du mouvement des extrémités dans les diverses allures, il faut remarquer que chacune d'elles, depuis le moment où elle quitte le sol, jusqu'à celui où elle se trouve replacée dans la position qu'elle avait primitivement, a opéré quatre temps : le *lever*, le *soutien*, le *poser* et *l'appui*. A peu près égaux dans les chevaux communs, ils sont très-apparens dans ceux de race, qui joignent la force à l'ardeur. Ils ont dans le soutien, un temps marqué que l'on désirerait en vain dans l'animal faible et abâtardi, qui, pour se soulager, cherche à regagner, le plus promptement qu'il peut, le terrain qui le porte.

DU PAS.

MÉCANISME DU PAS.

« Le cheval qui va le pas, lève l'une après l'autre les deux jambes qui sont opposées, l'une devant et l'autre derrière. Quand par exemple la *jambe droite de devant est en l'air, et se porte en avant, la jambe gauche de derrière se lève immédiatement après et suit le même mouvement.* Après quoi les deux autres jambes en font autant; en sorte que dans le pas il y a quatre temps. *Le premier est marqué par la jambe droite de devant, le second par la jambe gauche de derrière, le troisième par la jambe gauche de devant* et le *quatrième par la jambe droite de derrière*, ainsi de suite (1). »

Cette définition du pas , quoique très-naturelle, paraît exiger une conformation très-régulière; mais tous les chevaux que la nature n'a pas doués d'une conformation parfaite, ne doivent pas pour cela être rejetés et re-

(1) Montfaucon, page 235.

gardés comme inutiles ; car j'ai vu et monté des chevaux excellens, même infatigables, dont les allures étaient douces, qui pourtant à l'inspction ne valaient pas leur équipement. Ce qui prouve donc qu'il ne faut pas toujours s'en rapporter au plus ou moins de rapport des parties du corps entre elles, et à l'harmonie qui doit en résulter, pour faire son choix, et qu'il est presque indispensable d'essayer le cheval que l'on veut choisir, afin de mieux juger de ses moyens et de son caractère.

QUALITÉS ESSENTIELLES DU PAS.

Les qualités du pas sont d'être doux, prompt ou léger.

Il faut pour que le cheval ait le pas doux, qu'il ait les mouvemens des épaules, des hanches et des reins fort lians, de façon que le cavalier ne le ressente presque pas. Il ne faut pas non plus qu'il piaffe ni trépigne ; le pas doit être grand, c'est-à-dire que le cheval avance au pas le plus qu'il est possible, sans cependant se dandiner ; tenant toujours la tête haute et dans la même situation. Voir planche 4, tête A. Il ne faut pas qu'il lève trop les jambes, car alors il les fatigue plus aisément et les ruine plus vite. On évitera aussi le défaut contraire, car il serait sujet à broncher.

Il faut que le cheval qui va le pas ait la jambe sûre, qu'il ne croise point ses jambes de devant, qu'il ne porte ses jarrets ni en dedans ni en hehors.

Il faut aussi qu'il n'ait point trop d'ardeur : cette dernière espèce de chevaux demande de la part du cavalier, pour être conduit avec succès, un équilibre, un accord et une finesse dans les aides, que la position des dames à cheval ne leur permet pas de réunir. Elles devront, en conséquence, exclure les chevaux d'ardeur de leur service, car, joint encore à ce qu'ils sont fatigans, ils sont souvent dangereux.

DU TROT.

Cette allure est celle qui, pour la vitesse, tient le milieu entre le pas et le galop. Le mouvement des extrémités en est le même que dans le pas, excepté qu'il est plus vif et plus relevé, et qu'au lieu de quatre battues, on ne doit en entendre que deux.

« L'action des jambes d'un cheval qui trotte est d'avoir, dans ce moment, deux pieds en l'air et deux à terre, en même temps traversés, de manière que le pied du montoir de devant et le pied du hors-montoir de derrière soient en l'air, et les deux autres alternativement à terre (1). »

LE GALOP.

Il y a plusieurs espèces de galop; mais il est inutile pour les dames de les

(1) Newcastle.

approfondir. Je vais définir cette allure en général, c'est-à-dire comme elle peut être vue par tout le monde.

Le galop est produit par le rejet continuel de l'avant-main sur l'arrière-main, suivi du transport de toute la masse en avant, par la détente des jarrets et l'ouverture subite des angles articulaires postérieurs, fléchis précédemment et engagés sous le corps, de manière qu'il y a un instant où les quatre jambes sont en l'air ; c'est une espèce de saut en avant. L'arrangement de ces extrémités est le même, toujours un bipède latéral devance l'autre.

Cette allure est la plus prompte et la plus relevée de toutes ; elle est très-agréable pour le cavalier, mais fatigante pour le cheval ; car, en procurant au premier un balancement sans à-coups ni contre-temps durs, comme le trot allongé, elle exige de la part du cheval des mouvemens très-rapides et l'emploi continuel d'une grande force musculaire.

❖❖❖❖❖❖❖❖❖❖❖❖❖❖❖❖❖❖❖❖❖❖❖❖❖❖❖❖❖❖❖❖

Notes Diverses.

DE L'HYGIÈNE.

LE cheval en santé, sauf les diffé-
rences établies pour les diverses natures
de constitution ou de tempérament,
est habituellement gai ; sa respiration
est régulière, les membranes de son nez,
celle des yeux et celles qui tapissent in-
térieurement la bouche, tiennent le
milieu entre la pâleur et la rougeur
trop prononcée ; son appétit est modéré,
son poil luisant ; sa peau souple doit
fournir au pansage une crasse abon-

dante et grasse ; enfin il conserve ses habitudes quelles qu'elles soient.

L'état maladif, ou commençant ou décidé, se reconnaît à l'absence ou aux changemens des signes énoncés plus haut, ainsi qu'à l'inquiétude, au dégoût et à la tristesse ; le poil devient terne et piqué ; l'exercice des fonctions se trouve interverti. Dans cette situation, le cheval réclame promptement les soins du médecin vétérinaire, car les accidens les plus graves s'annoncent souvent comme les plus légers, et c'est dans le principe qu'ils doivent être connus, pour être combattus avec avantage.

Il est des moyens généraux et bien connus de conserver la santé nécessaire à tous les animaux. L'exercice et le repos sont également utiles, lorsqu'ils sont modérés, mais ils nuisent dès que l'on en mésuse.

Un travail *modéré et proportionné* aux forces et surtout à l'âge du cheval, est indispensable pour entretenir l'ordre des diverses fonctions qui constituent l'existence. Un travail *outré* intervertit au contraire l'ordre établi par la nature et la prive souvent des moyens de réparer les efforts qu'elle a faits.

Un cheval de selle doit faire tous les jours, trois, quatre, ou cinq lieues pour se bien porter.

Le repos, surtout accompagné de sommeil, répare entièrement les forces épuisées par le travail et dispose le cheval à faire de nouveaux exercices;

l'animal en santé, qui a reposé trois ou quatre heures, debout ou couché, est bien délassé, si toutefois il n'a pas fait un travail outré.

L'excès du repos est aussi très-nuisible; lorsqu'un cheval ne marche pas ou qu'il ne travaille que très-peu, ses membres s'engourdissent, sa vue s'obscurcit ou se trouble, et le moindre objet l'étonne, même souvent l'effraye; le repos aussi lui fait oublier ce qu'on lui a appris.

Son corps se charge d'une mauvaise graisse, les jambes lui enflent et il devient sujet à beaucoup de maladies, qu'il est bien plus difficile de guérir dans cet état d'embonpoint; d'un autre côté le poids de la masse n'étant plus en

rapport avec les membres qui la sup-
portent, il s'ensuit que le cheval se fatigue et se ruine sans presque sortir de
l'écurie.

Le vrai moyen de conserver la santé
de cet animal si bon et si précieux est :

1°. De régler sa nourriture et surtout
sa boisson, et proportionner le tout à
sa race, à sa taille, à son âge et au service auquel il est employé ;

2°. De lui faire faire un exercice modéré ;

3°. De le tenir toujours couvert, en
été avec du coutil, et en hiver avec de
la laine, et avoir l'attention de ne serrer
le surfaix que ce qu'il faut pour maintenir la couverture ; il devra être rem-
bourré sur le dos.

16

Lorsqu'on descend de cheval il faut bien éviter les refroidissemens, et pour cela, on le fait promener pour le sécher, en ayant soin de desserrer un peu la gourmette et les sangles, si toutefois l'on ne doit pas remonter. Il ne faut jamais l'attacher sous une grande porte ou dans tout autre endroit où il existe des courans d'air, car ils sont très-dangereux. Il vaudrait mieux alors le laisser exposé en plein air.

Lorsque l'on rentre à l'écurie, il ne faut pas souffrir que les palefreniers lavent les jambes du cheval, si l'on n'est pas bien sûr qu'ils les essuient après, jusqu'à ce qu'elles soient sèches, soit avec un torchon, une peau ou de la laine ; autrement il en peut résulter des engorgemens aux jambes et même des maladies. Car lorsque l'animal est en mouvement, il existe une transpiration insensible qu'il est toujours pernicieux d'intercepter; aussi est-il plus prudent de le faire bouchonner partout, excepté cependant sous la selle, que l'on ne doit enlever qu'une heure au moins après la rentrée.

Quant à sa ferrure, il ne faut jamais attendre que les fers soient usés pour les faire remplacer; car il y a des chevaux qui usent peu, et la corne qui se reproduit toujours, allonge le pied et fait quelquefois heurter le cheval contre les moindres petites buttes.

Autant que possible, on ne fera pas marcher le cheval immédiatement après qu'il aura été ferré, les pieds sont quelquefois sensibles, et il est sujet à boiter.

Voici tout ce que je dirai de l'hygiène, les dames n'ayant pas besoin d'en connaître davantage.

DÉFINITIONS GÉNÉRALES.

« L'homme, dit M. Châtelain, offre un corps perpendiculairement élevé.

» La totalité du cheval présente une superficie circulaire, horizontalement appuyée sur quatre bases.

» Tous deux se divisent en trois parties, qui sont *pour l'homme :* le haut, le milieu et le bas du corps ;

» Et *pour le cheval,* l'avant-main, le corps et l'arrière-main.

» Le haut du corps commence à la tête et finit aux hanches; les hanches, la ceinture, le haut des cuisses, les reins et le coccix, composent le milieu du corps; le reste de la cuisse, la jambe entière et le pied, donnent le bas du corps.

» Planche 1. A l'égard du cheval, l'avant-main comprend depuis le bout du nez jusqu'au garrot. Le corps est entièrement couvert par la selle; le reste compose l'arrière-main.

» Chacune de ces trois parties de l'homme et du cheval a bien la faculté de se mouvoir indépendamment l'une de l'autre; mais la nature astreint autant l'homme que le cheval à ne jouir du mouvement avec sûreté, qu'au moyen

du scrupuleux entretien de leur perpendiculaire. Car l'homme a deux per-
pendiculaires qui se tirent de ses clavi-
cules aux chevilles du dedans de ses
pieds ; celles du cheval, quadruples,
en raison de ses quatre jambes, partent,
dans l'avant - main , de la pointe de
l'épaule pour arriver au milieu des
pieds de devant, tandis qu'à l'arrière-
main, elles s'attachent à l'extrémité des
fesses, et viennent tomber entre les ta-
lons des pieds de derrière. La justesse
de ces lignes fictives dépend entièrement de la direction du centre, d'où
résulte l'aplomb. *La poitrine* est le
centre de l'homme , aussi voyons-nous
les porte-faix avancer machinalement
le haut du corps, tandis que la femme

enceinte recule le sien, tous deux avec l'intention de maintenir leur perpendiculaire entre le poids qu'ils portent et leur centre de gravité, et ce dans la vue de conserver leur aplomb. »

BB. La nature a placé le centre du cheval, vu sa position horizontale, dans la division que l'on nomme le corps ; c'est ce qu'on appelle *centre de gravité;* en sorte que cette portion du cheval sert de foyer commun, aux forces combinées de l'avant-main et de l'arrière-main.

DE CE QU'ON ENTEND PAR MAIN DANS L'ÉQUITATION.

« *Main* se dit de la division du cheval en deux parties à l'égard de la main du cavalier. On appelle *avant-main*, la tête, l'encolure, le train de devant; on dit ce cheval est *beau de l'avant-main*, c'est-à-dire qu'il a la tête et l'encolure belles; on appelle *arrière-main* les reins, la croupe et les extrémités postérieures.

« Dans un manége on appelle *marcher à main droite*, lorsque le côté droit du cheval est en dedans du manége, et *marcher à main gauche*, lorsque c'est le côté gauche.

« Cette expression peut aussi s'appliquer au travail sur une ligne circulaire.

» *Main de la bride* est la main gauche du cavalier; on dit qu'un cavalier *n'a pas de main*, quand il se sert mal à propos de la bride, et n'en sait pas donner les aides avec justesse. Il y a beaucoup d'autres expressions qui se rapportent à la *main de la bride*, parce qu'elle donne le mouvement à l'embouchure et sert beaucoup plus à conduire le cheval que les autres aides.

» *Appui à pleine-main , bouche à pleine-main,* se disent d'un cheval qui a l'appui ferme, sans cependant peser, ni battre à la main. *Appui au-delà de la pleine-main, bouche plus qu'à pleine-main,* se disent d'un cheval qu'on arrête avec force, qui obéit avec peine ; mais sans forcer la main.

» *Faire partir un cheval de la main,* ou le *laisser échapper de la main,* c'est le **pousser de vitesse.**

» On dit aussi qu'un cheval tourne à *toute main,* pour dire qu'il se manie bien et tourne facilement au pas , au trot et au galop.

» On dit qu'il est *entier à une main*, quand il n'a de la disposition à tourner que d'un côté, à une même main.

» *Effet de la main*, se dit pour aide de la main , pour les mouvemens de la main qui servent à conduire le cheval. Il y a quatre effets de la main ou quatre manières de se servir de la bride, sa-voir : pour chasser le cheval en avant, le tirer en arrière, le tourner à droite ou à gauche.

» *Lourd à la main*, qui n'est pas dans la main.

» *Forcer la main*, *gagner à la main*, c'est être insensible aux aides. de la bride et s'emporter malgré le cavalier.

» *Travailler un cheval de la main*, c'est-à-dire le travailler par le seul effet de la bride.

» *Mener un cheval en main*, c'est le promener sans qu'il soit monté.

» *Faire trotter à la main*, c'est le moyen de s'apercevoir s'il est boiteux. On choisira de préférence le pavé.

» On appelle *cheval de main*, celui qui est destiné à relayer le cheval du maître.

» On appelle *cheval à deux fins*, ou *deux mains*, un cheval commun qui peut servir à la selle et au cabriolet. »

DÉFINITION DES VERTÈBRES LOMBAIRES.

» Les vertèbres lombaires en général forment l'épine du dos ; ce sont de petits os rangés les uns sur les autres et artistement emboîtés. Ils sont séparés par une couche cartilagineuse qui leur donne une grande élasticité ; mais quoi-que douée de beaucoup de souplesse, cette colonne vertébrale règne tout le long du dos et sert à soutenir le corps ; elle peut se mouvoir en tous sens et principalement dans son extrémité in-férieure appelée reins, formée par les vertèbres dites lombaires.

» De tous les mouvemens dont elle est susceptible, on peut les réduire à quatre principaux, savoir : en avant, en arrière ; ce qui constitue le mouve-ment que l'on désigne par l'expression *de céder du pli des reins.* A droite et à gauche, s'entend penché à droite et à gauche ; et ces mouvemens peuvent être employés dans le travail sur les lignes circulaires, et dans les pas de côté et les sauts irréguliers. »

DÉFINITION DE L'ARTICULATION DE LA CUISSE AVEC LA HANCHE.

La cuisse est articulée avec la hanche d'une manière bien avantageuse pour monter à cheval, et voici comment :

L'os de la cuisse ou *fémur* présente à sa partie supérieure une tête ou moitié d'une boule qui est destinée à se loger dans une cavité (1) qui termine l'os de la hanche, il y est principalement fixé par un ligament rond, très-fort, qui prend

(1) Appelée cotiloïde.

attache au fond de la cavité cotiloïde et au milieu de cette boule ; en sorte que la cuisse peut se tourner en dedans, et est susceptible d'un mouvement presqu'entier de rotation ; je dis presqu'entier, parce que la capsule sinoviale, qui enveloppe toute l'articulation et les muscles, ne permet pas qu'elle ait plus de jeu, mais cela est bien suffisant pour parvenir à tourner la cuisse sur son plat ; aussi devra-t-on faire venir ce mouvement de la hanche.

FIN.

TABLE.

TROISIÈME PARTIE.

QUATRIÈME PARTIE.

FIN DE LA TABLE.

idée révoltera tout bon Français; e
ils à ce glorieux nom , à la qualité
toyens ? Pourquoi avec les autres
aux lois faites par leurs pères et leu
ne défendraient-ils pas ces mêmes l
mes préfèrent les bois et les forêts
Ils préfèrent le nom et le métier
toyen et au métier paisible de culti

» Quelques jeunes gens préfèrent
vitable à la gloire de servir la patr
demande leurs bras et va bientôt le
quilles dans leurs foyers. Quel dé
reconnais bien là l'ouvrage des
que la révolution soit arrivée à son
est sublime et immortelle; et ses
rage dans le cœur , sont bien punis
ter atteinte.

» Ah! Si je pouvais parler à ceu
ceux qu'un faux zèle anime contre r
des châtimens retient parmi nos en
sez, Français , de croire que vos frèr
sez de croire que la patrie , cette m
sang. Elle veut, par ses lois bienfai
dre heureux ; elle désire que vous s
égaux. Rentrez dans son sein, et j
je vous le répète , elle n'en veut pe

» Mais si ma voix ne peut aller ju